广东外语外贸大学2010年科研学术著作出版资助

毛国民 著

他山之石

孟旦的中国人论与政治哲学研究

暨南大学出版社
JINAN UNIVERSITY PRESS
中国·广州

图书在版编目（CIP）数据

他山之石：孟旦的中国人论与政治哲学研究／毛国民著．—广州：暨南大学出版社，2011.12

ISBN 978－7－5668－0062－6

Ⅰ.①他…　Ⅱ.①毛…　Ⅲ.①政治哲学—研究—中国　Ⅳ.①D092

中国版本图书馆 CIP 数据核字（2011）第 248066 号

……………………………………………………………………………………

他山之石：孟旦的中国人论与政治哲学研究
著　　者：毛国民

出 版 人：徐义雄
责任编辑：杜小陆　廖　原
责任校对：杨海燕

地　　址：中国广州暨南大学
电　　话：总编室（8620）85221601
　　　　　营销部（8620）85225284　85228291　85228292（邮购）
传　　真：（8620）85221583（办公室）　85223774（营销部）
邮　　编：510630
网　　址：http：//www.jnupress.com　http：//press.jnu.edu.cn
排　　版：广州市广海照排设计中心
印　　刷：佛山市浩文彩色印刷有限公司
开　　本：787mm×960mm　1/16
印　　张：10.75
字　　数：200 千
版　　次：2011 年 12 月第 1 版
印　　次：2011 年 12 月第 1 次
定　　价：26.00 元

孟旦先生八十寿辰（摄于 2011 年 3 月 5 日）

孟旦先生近期生活照

内容简介

美国学者孟旦对中国人论和政治哲学的研究，可作为研究、学习或关注中国人论和政治哲学的读者们的“他山之石”。

孟旦认为，中国古代政治家和思想家持有“人之自然平等”的观点，与西方思想家持有的“人之价值平等”观点截然不同，然而中国在“人之自然平等”基础上建立起来的却是一种“等级制”的儒家政治和伦理。他又紧扣朱熹的“象喻”，剖析了朱熹的人性观点和政治哲学思路。朱熹从如何解决儒家人性论的两个内在矛盾（即“亲亲”原则与“利他主义”原则、“外在权威”与“自我修养”之间的矛盾）入手，阐述其政治哲学的内涵。

中国“当代”人性论的重点在于人性的“可塑性”，与儒家、西方和苏联时期的“人”之概念既有区别又有联系。孟旦也将中西政治哲学的比较放到“整体主义”和“个体主义”的框架下进行思考，指出了中国政治哲学中“整体主义”价值观以及“意识簇”式的认知方式的特点。

可见，在中国这种独特的人论特征和政治哲学理念背后，一定蕴藏着惊人的秘密。因此，孟旦着力于探索其背后的人之基本思维模式，如“天人合一”、“物我不分”、“事实与价值相混淆”、《宋代的人性形象》中的“象喻”思维方式、《“当代”中国人的概念》中的“意识簇”认知方式、《二十世纪中国的帝国式求索模式》中的“帝国式求索模式”以及《个体主义与整体主义：儒家和道家的价值观研究》中的“整体主义”思维方式等。

我们应该抛弃井底观天、故步自封的狭隘心态，从孟旦的中国人论和政治哲学研究中，汲取本民族文化的精华，并加以继承；同时要洞悉本民族文化的弱点，吸收西方文化的精华来弥补我国文化之不足。

序

中国哲学不仅属于中国，而且属于世界。在西方，早就有人关注、研究中国哲学。在20世纪后半期的美国，多位华裔学者和非华裔学者为中国哲学研究作出了杰出的贡献。前者包括陈荣捷、杜维明、成中英、余英时等，后者包括本书的研究对象孟旦（Donald J. Munro），以及顾立雅（H. G. Greel）、葛瑞汉（A. C. Graham）、史华兹（Benjamin Schwartz）、狄百瑞（William Theodore de Bary）、倪德卫（David S. Nivison）、郝大维（David Hall）、安乐哲（Roger T. Ames）等一批人。由于文化背景等原因，国内学界对前述华裔学者比较熟悉，而对这些非华裔学者则相对比较陌生。在这种情况下，本书的出版无疑具有一定的积极意义。

在美国学界，研究中国哲学的华裔学者与非华裔学者确实有不同之处。一般来说，华裔学者有早年在华生活的经历，精通汉语，熟谙中国文化，但对西方文化的把握和理解在广度和深度方面则可能有不同程度的欠缺。而非华裔学者一般没有长时间在华生活的经历，对中国文化的一些神韵可能不容易体察，但其西方文化方面的优势可以使他们容易对中国哲学作出具有创造性的阐发。“旁观者清”、“不识庐山真面目，只缘身在此山中”，在中国文化之外看中国文化，视点不同，自有妙处。下引文字也表明了这一点：“中国人厌恶任何形式的片面和极端。与‘不是……就是……’（非此即彼）相比，他们更喜欢‘不仅……而且……’。他们不是停留在对立物面前裹足不前，而是能够看到对立面相互之间的制约性，并且在一个更高的角度上使对立的双方和谐统一起来。……与之密切相关的是两种原则相互作用的思想。我们看到，以阴阳和理气概念表达出的主动和被动原则几乎存在于中国的所有哲学学派之中。……不是排斥自己的对立面，而是寻求一种综合之路，去化解矛盾。中国哲学的这种倾向与中国人宽容的处世态度大有关系，其宽容大度达到令西方人不可思议的地步。中国人常说：三教一家。意思是儒教、道教和佛教能够和睦相处、兼容共存。虽然他们之间曾经发生过频繁、激烈的论争，但是除了几次例外情况，他们很少使用暴力手段压制对方或是胁迫对方改变信仰。"① 这段用德语叙述的对中国哲学一般特点的概括，出自生活在西方文化之中的西方人士。而仅仅在中国文化范围内研究中国哲学的中国学者就不容易或者不喜欢作出这样的概括。

上面引用的那段话虽然字面上似乎没有以中评西，但实际上带有浓厚的以中评西的意味：以中国的"不仅……而且……"评西方的"不是……就是……"（非此即彼），以中国的和谐评西方的对抗，以中国的两种原则相互作用的思想评西方的二元论，以中国的宽容评西方的不宽容，以中国的多种宗教和睦相处评西方的宗教战争，如此等等。读关于中国哲学的西方文献，我们经常可以看到对中国哲学不同于西方哲学的独特性的论说。这些论说可从一个侧面表明中国哲学的世界意义。当然，以西评中也是可以的。正如本书所显示的，孟旦就经常或明或暗地以西评中。

如果把中国哲学比喻为一座山，把西方哲学比喻为另一座山，那么，站在西方哲学之山来看中国哲学之山，显然更容易看到一些只站在中国哲学之山看此山时看不出的东西。本书展示的孟旦对中国哲学的看法，很多国内读者看来都会有新鲜感。国民君在书中把这些看法比喻为"他山之石"，这一比喻也很好。

国民君好学深思，在年近而立之年而从学于余。毕业论文以孟旦研究为题。毕业之后继续深入研究之。在他之前，孟旦的朋友刘笑敢和他的学生安延明都是研究孟旦的专家。现在，国民君也成为一位新的研究孟旦的专家了。能得到那么多中国学者的关注，孟旦在大洋彼岸一定会感到很欣慰。本书在孟旦八十大寿之际出版，确为适逢其时。

站在中国哲学之山看西方哲学之山，肯定也会看到一些只站在西方哲学之山看此山时看不出的东西。我衷心希望，研究西方哲学的中国学者，能够以中国人的视野作出一些成果，从而引起西方学者的关注。此山望彼山，彼山望此山。彼此相望，风景各异，不亦美乎！

周炽成

2011 年 8 月 1 日

---

① ［德］汉斯·约阿西姆·施杜里希著，吕叔君译：《世界哲学史》（第 17 版），山东画报出版社 2006 年版，第 68～69 页。

前　言

孟旦从中国文化中寻找那些西方文化中的“不可能性”：“天人合一”、“物我不分”、“事实与价值相混淆”、“帝国式求索模式”以及“意识簇”等。在这些独特的思维方式和认知方式的催生下，形成了与中国人论气象相称的中国政治哲学理念。

Donald J. Munro，孟旦，又译为“蒙罗”，1931年3月5日出生于美国。《美国名人录》称其为著名的哲学家、教育家，香港中文大学的刘笑敢先生称其为“研究比较哲学与人性论的巨擘”①。事实上，他也是一位著名的汉学家，他对中国政治哲学的研究既有“哲学味”又有“中国味”，还渗透着深刻的教育思想。

孟旦在1953年毕业于哈佛大学哲学系并获得学士学位，1953—1957年在海军服役，并于1957年8月获得海军总司令的通令嘉奖。接着，他于1959年到台湾求学，师从刘毓鋆先生，并于1962年回美国。1964年，他获得哥伦比亚大学中国与日本研究系和东亚研究系博士学位。毕业后，他来到美国密西根大学任教，并于1973年被聘为美国密西根大学哲学系与东亚系教授，后又被任命为文理学院执行委员会委员。他还曾多次到中国访学，如：1965—1966年在港期间曾师从唐君毅先生，1983年和1990年他曾作为一名访问学者先后到中国社会科学院和北京大学研究中国哲学等。在1993—1995年期间，他曾担任美国密西根大学亚洲语言和文化系主席，并于2003年在香港中文大学担任“钱穆讲座”的主讲人。

孟旦的著作和论文颇丰，主要著作有：《早期中国“人”的观念》（*The Concept of Man in Early China*）、《“当代”中国人的概念》（*The Concept of Man in Contemporary China*）、《宋代的人性形象》（*Images of Human Nature*: *A Sung*

---

① 刘笑敢：《研究比较哲学与人性论的巨擘——孟旦的中国哲学史研究》，载傅伟勋、周阳山主编：《西方汉学家论中国》，正中书局1993年版，第173页。

Portrait)、《个体主义与整体主义：儒家和道家的价值观研究》（*Individualism and Holism*：*Studies in Confucian and Taoist Values*)、《二十世纪中国的帝国式求索模式》（*The Imperial Style of Inquiry in Twentieth Century China*：*The Emergence of New Approaches*)、《新世纪的中国伦理学》（*A Chinese Ethics for the New Century*）以及《应用伦理学：私人和公共选择中的实际指导原则》（*Ethics in Action*：*Workable Guidelines for Private and Public Choices*)。此外，他还发表了颇有影响的学术论文三十余篇。①

我对孟旦的兴趣最初是受吾师周炽成教授的影响，后来随着对孟旦几本英文著作的研读，我又为其对中国文化的研究尤其是对中国人论和政治哲学研究的独特视角所折服。记得小说家博尔赫斯的作品中有这样一个段落："中国某部百科全书中写道：'动物可划分为：①属皇帝所有；②有芬芳的香味；③驯顺的；……⑥传说中的；……⑨发疯似地烦躁不安的。'"这个段落恰恰成为了法国哲学家米歇尔·福柯的主要代表作《词与物》的诞生地。福柯也承认，"在这个令人惊奇的分类中，我们突然间理解的东西，通过寓言向我们表明为另一种思想中具有异乎寻常魅力的东西，就是我们自己的思想的限度，即我们完全不可能那样思考"②。也就是说，福柯感兴趣的正是这种"不可能性"，这种"不可能性"也正是在西方文化背景下的"不可能性"，然而这种"不可能性"在中国文化背景下却成为可能。

可见，在西方文化背景下被极力排斥的东西（即"不可能性"的东西），也许会在中国文化中长盛不衰。正如福柯在理性主义者笛卡儿的"我思故我在"命题中找到"非思"一样，孟旦在中国哲学中发现了西方哲学的"不可能性"，发现了西方文化所没有的东西，如"天人合一"、"物我不分"、"事实与价值相混淆"、"帝国式求索模式"的思维方式以及"意识簇"的认知方式等。同时，他又设法从中国文化中去寻找这种"不可能性"的合理性。正如他所说："在我多年对不同社会的政治哲学研究和教学经验中得出一个结论：同一个生长在自由民主社会里的学生讨论中国当代的哲学问题与同一个生长在君主制或其他社会制度下的学生讨论该问题所用的最佳方法是不同的，而且这些不同的群体也会得出迥然不同的论断和价值观。"③

---

① Donald J. Munro，Curriculum Vitae（备注：由孟旦本人提供的材料。参见附录二）。

② ［法］米歇尔·福柯著，莫伟民译：《词与物》，上海三联书店 2001 年版，第 1~2 页。

③ Donald J. Munro，*The Concept of Man in Contemporary China*，Ann Arbor：University of Michigan Press，1977，p. 1.

为了避免由中西文化差异带来的对中国政治哲学研究的障碍，孟旦又找到了研究中西政治哲学的契合点——人论。他认为："中西方的任何理论学说，不论是关于个人的，还是关于社会的，都是奠基于人性观的。"①也就是说，研究"人是什么"是一个哲学家必须面对的问题，他对人类问题或社会问题的解决也应该着眼于此。因此，孟旦以人论为主线，以中国人的基本思维方式为基础，将中国重要的政治哲学理念串在了一起。他在《早期中国"人"的观念》、《宋代的人性形象》和《"当代"中国人的概念》等人论研究的基础上，进一步创作了《个体主义与整体主义：儒家和道家的价值观研究》、《二十世纪中国的帝国式求索模式》、《新世纪的中国伦理学》和《应用伦理学：私人和公共选择中的实际指导原则》等关于政治哲学与伦理研究的著作。

总之，正如刘笑敢先生所说："孟旦研究中国哲学史的主要动机是探究中国人的基本思维模式，他关心的是为什么思想家的理论本身和他们捍卫这种思想的方式都有特定的形式。其次，力图挖掘现象背后的原因也是孟旦多年来致力于中国人性论研究的动力之一。"②也就是说，中国独特的人论特征和政治哲学理念背后，一定蕴藏着惊人的秘密。孟旦就是要着力于探索其背后的人之基本思维模式，如"天人合一"、"物我不分"、"事实与价值相混淆"、《宋代的人性形象》中的"象喻"思维方式、《"当代"中国人的概念》中的"意识簇"认知方式、《二十世纪中国的帝国式求索模式》中的"帝国式求索模式"，以及《个体主义与整体主义：儒家和道家的价值观研究》中的"整体主义"思维方式等。

当然，我不仅为孟旦独特的研究视角所折服，更为其所做的工作而叹服。通过学习其对中国人论和政治哲学的研究，我们可以找到一些十分有价值的东西，即中国文化中的闪光点。这些闪光点也许是那些完全囿于中国传统文化的中国人从本文化的角度看不到的东西，正如完全限于中国传统眼光的"易学家们"不可能像莱布尼茨受《周易》阴阳概念的启发而发明"二进制"一样。例如，孟旦指出中国古代虽然没有西方近代"评价性的平等"观

---

① 刘笑敢：《研究比较哲学与人性论的巨擘——孟旦的中国哲学史研究》，载傅伟勋、周阳山主编：《西方汉学家论中国》，正中书局1993年版，第173页。

② 刘笑敢：《研究比较哲学与人性论的巨擘——孟旦的中国哲学史研究》，载傅伟勋、周阳山主编：《西方汉学家论中国》，正中书局1993年版，第173页。

念，但是有着占主导地位的“描述性的平等”观念或“自然的平等”观念。他在对朱熹哲学的研究中，发现很多中国和西方理论家都运用一些日常结构性的形象（即“象喻”）来说明他们的理论学说，这种方法甚至可以在科学发现的过程以及其他学科的理论体系之中见到。

另外，通过孟旦的眼光我们又能看到中国文化的致命弱点，如“事实与价值”的混淆，“帝国式求索模式”主宰着中国人的思维从而导致真正意义上的现代科学不能从中国产生，等等。对此，孟旦在其作品中也给予了深刻的剖析，并从政治哲学上、思想上和文化上去寻找其背后的根源。

可是，国内有些学者认为“中国人对自己传统思想的研究必然是世界一流的，外国人要懂得这些世界一流的、中国特色的学说就必须先学习中文，而我们中国人则没有必要从外国人那里学习他们的（‘二流的’）汉学研究成果。这些‘中国思想特殊论’把理论研究封闭在狭隘的地域观念之中，降低了学术标准和目标，滋长了井底观天、故步自封的狭隘心态，对于理论的发展和创新有百弊而无一利”[①]。因此，本书将从孟旦对中国政治哲学和人论的研究中，认清本民族文化的精华所在，并加以继承；同时也要认清本民族文化的弱点，吸收西方文化的精华来弥补我国文化之不足，从而为建立起具有现代化和国际化的中国文化体系而努力。与此同时，还要挖掘孟旦对中国政治哲学和人性论的理解与中国人自己的理解不一样的原因，包括产生这种理解差异背后的文化、政治和历史方面的原因。

国民写于白云山下

2011 年 7 月 12 日

① 转引自邓晓芒：《中西文化视域中真善美的哲思》，黑龙江人民出版社 2004 年版，序言第 5 页。

目 录

一、"人之自然平等"与等级制的古代政治哲学

与西方思想家持有的"人之价值平等"观点截然不同，中国古代政治家和思想家持有"人之自然平等"的观点；而现实中，在人人"自然平等"基础上却建立起一种"等级制"的儒家政治体系。

孟旦对先秦政治哲学和人性论的研究主要体现在其《早期中国"人"的观念》（*The Concept of Man in Early China*）一书中。此书出版于1969年，主要讨论了先秦诸子关于"人之自然平等"的观点、中西方关于人的平等观点之异同、儒家伦理学的理论基础（即"人之自然平等"基础上的等级制）以及"人之自然平等"对中国佛教思想和教育制度的深远影响等。孟旦将"人之自然平等"观念作为中国从古至今"人"之概念的基点，并将其作为贯穿于整个中国人性论理论体系的主线。

（一）先秦诸子"人之自然平等"观研究

孟旦在《早期中国"人"的观念》一书中，介绍了先秦诸子关于"人之自然平等"的观点。他认为，在先秦时代，中国哲学家更加关注人之自然平等，而西方早期哲学家对人生来是否平等并没有一致的看法，即使有些人赞成人人平等，他们中的多数也只是关注人的价值平等。[①]所谓"人之自然平等"，是一个描述性的术语，指人与生俱来的一切共同属性或者性质；而"人之价值平等"则是一个评价性的术语，指每个人都具有相同的"价值"，

---

① Donald J. Munro, *The Concept of Man in Early China*, New York: Stanford University Press, 1969, pp. 179 - 180. 本书对这本英文著作中的文字作了大量的引用，所引文字的大部分是在参照中译本（[美] 孟旦著，庄国雄、陶黎铭译：《早期中国"人"的观念》，上海古籍出版社1994年版）的基础上，由笔者本人所作的重新翻译；小部分则是直接引自中译本。当然，笔者既采用了中译本对英文本的核心概念的汉译（如"评价之心"、"自然平等"以及"价值平等"等概念），又借鉴了中译本的某些翻译方法和技巧。

应当受到同等的待遇、享受同等的权利。[①]中国人只关注与生俱来的那种自然平等，对现实中是否应当具有同种权利则深受中国传统文化的影响，其中受儒家思想的影响最大。儒家虽然主张人的自然平等，反对世袭制度，可是其也主张现实中的等级制。

对此，孟旦认为，首先，儒、道、墨、法四家对人的先天自然平等有着一致的看法。

他说："儒家把人定义为既有与其他动物相同的许多生物性质，又拥有一种独一无二的属性（即人拥有能辨别'贵贱'、'是非'等天生特性的心）的动物。"[②]若依儒家的看法，人性的内容有三个方面：一是人具有与其他动物共有的特性（如食、色、性等）；二是人具有与动物不同的特有的社会性；三是人具有动物所没有的能够评判事物的贵贱、是非或宜否的评价之心。[③]可见，儒家著作已清楚地表明：人是社会性的动物，一切人生来都平等地被赋予了能够评价物体、活动、地位或事件的天然差异、是非，以及事物或行为合适与否的"评价之心"；同时他们又有着相同的生物特性，对相同的状况（如恐惧、欺骗、饥饿、亲情等）会作出相同的反应，因此他们是自然平等的。[④] 笔者认为，孟旦此处对儒家人性的看法有不妥之处，儒家的重要代表人物之一孟子不将"人具有与其他动物共有的特性（如食、色、性等）"看作是人性，因为他只强调人与动物之间的区别，强调人先天的"评价之心"。

孟旦进一步举例，如孟子说："圣人先得我心之同然耳。"[⑤] 即圣人也和我们一样，他只不过是较早得知我们内心所认同的东西。荀子说："凡人有所一同：饥而欲食，寒而欲暖，劳而欲息，好利而恶害，是人之所生而有也，

---

① Donald J. Munro, *The Concept of Man in Early China*, New York: Stanford University Press, 1969, pp. 1 – 2.

② Donald J. Munro, *The Concept of Man in Early China*, New York: Stanford University Press, 1969, p. 58. 中译本第58页将"natural qualities"译为"自然性质"，笔者认为，译为"天然特性"更为妥当。

③ Donald J. Munro, *The Concept of Man in Early China*, New York: Stanford University Press, 1969, p. 12. 中译本第11页将"proper and improper"译为"宜异"，笔者认为，译为"宜否"更加直白、易懂一些。

④ Donald J. Munro, *The Concept of Man in Early China*, New York: Stanford University Press, 1969, p. 13.

⑤ 《孟子·告子上》。

是无待而然者也，是禹、桀之所同也。"[①] 即所有的人都会对寒暖、利害作出同样的反应，因为他们生来都是自然平等的。因为人的自然平等，所以儒家认为"出身"不应是获得显赫地位、特殊权力的唯一标准，其唯一标准应是人的"德"以及人的"评价之心"能否得到实现。[②]

笔者也能找到类似的例子，如孟子说的"尧舜与人同耳"[③]，即尧、舜这些圣人最初与常人是相同的、平等的，没有什么天生的差别。另外，荀子也说过同样的话，如"贤能不待次而举，罢不能不待须而废，无恶不待教而诛，中庸民不待政而化。分未定也则有昭缪。虽王公士大夫之子孙也，不能属于礼义，则归之庶人。虽庶人之子孙也，积文学，正身行，能属于礼义，则归之卿相士大夫"[④]。意思是说，要破格任用品德高尚有才能的人，随时罢免无德无能的人。即使是王公士大夫的子孙，不符合礼义的规范，就把他们当作平民百姓。因此，"德"是儒家评价人的唯一标准。

儒家以"评价之心"作为人的自然平等的基础，那么道家是如何看待人的平等的呢？孟旦告诉我们，在道家思想中，一切人（包括君主）都应当效法"道"，因为从"道"的观点来看，一切事物都是相同的，一切人都应当看作是平等的。人是自然平等的，没有贵贱之分，因为"道生一，一生二，二生三，三生万物"[⑤]，"无名，万物之始也；有名，万物之母也"[⑥]。可见，万物（包括人）都是由"道"而生，都是遵循"道"而出的，所以人是自然平等的。可以说，道家将平等主义推向了巅峰。[⑦]

笔者还能找到道家类似的说法，如庄子说："万物皆种也，以不同形相禅，始卒若环，莫得其伦，是谓天均。"[⑧] 这是说，相对于轮子的轴，轮缘上的每一点都是等距离的，这个事实象征了万事万物的自然平等，事物不能离

---

① 《荀子·荣辱》。

② Donald J. Munro, *The Concept of Man in Early China*, New York: Stanford University Press, 1969, p. 14.

③ 《孟子·离娄》。

④ 《荀子·王制》。

⑤ 《老子》42 章。

⑥ 《老子》1 章。

⑦ Donald J. Munro, *The Concept of Man in Early China*, New York: Stanford University Press, 1969, p. 4.

⑧ 《庄子·庚桑楚》。

开它们在轮子上的特定位置，轮子的运转再现了变化的法则，即不能离开永恒的“道”。

同样，孟旦在墨家思想和法家思想中，也发现了人的自然平等观念。如墨子说：“古者圣王之为政，列德而尚贤。虽在农与工肆，有能则举之。”① 这与儒家思想十分相似，表明他们反对世袭特权，承认人的自然平等，国家应当依据个人的德性授予职位与奖励，农工之人只要有才能就能同等地被“举”用。孟旦还说，法家也认为人生来是自然平等的，没有人能把特权当作生而有之的权利。在法家看来，法律面前人人平等。法律是推行平等原则的手段和武器。②如韩非所说：“法不阿贵，绳不挠曲。法之所加，智者弗能辞，勇者弗敢争。刑过不避大臣，赏善不遗匹夫。”③即法不偏爱，法对贵者、贱者都同样地起作用。笔者认为，另一位法家的代表人物商鞅也有同样的说法，如“自卿相将军以至大夫庶人，有不从王令、犯国禁、乱上制者，罪死不赦”④。

孟旦进一步指出，虽然儒、道两家对人先天是否平等的看法是一致的，但是两家对人的后天是否平等的看法并不一致。

孟旦说，儒家认为人的后天可以不平等，因为社会等级制是自然的，这并不与人的先天自然平等观念相矛盾。人们虽然都平等地拥有“评价之心”，但因运用评价之心所表现出的程度不同，而显示出等级差别。⑤ 那些能够应用“评价之心”去指导先天的社会倾向并能够做出具体表现的人，才应当得到特权；否则就不能享有特权。为何会出现应用上的差异呢？这主要是因为“修养”程度的不同而导致的。儒家的“修养”包括“内省”和“楷模仿效”两部分。如果一个人能够通过自身修养，培养出“义”总是高于其他一切的态度，再加上人与生俱来的“评价之心”总是能够判断一个行为的“义”，那么，他就会在任何情况下都自发地行“正义”之事。这时，他就不会被物质的诱惑或情感的迷惑所困扰，便成为一名“君子”。“君子”不是用

---

① 《墨子·尚贤上》。

② Donald J. Munro, *The Concept of Man in Early China*, New York: Stanford University Press, 1969, pp. 3 -4.

③ 《韩非子·有道》。

④ 《商君书·修权》。

⑤ Donald J. Munro, *The Concept of Man in Early China*, New York: Stanford University Press, 1969, pp. 115 -116.

社会地位、金钱多少来衡量的，而是用“德性”的多少来确定的。[①] 如《论语》中说：“君子去仁，恶乎成名?”[②] 孟子也说：“君子之守，修其身而天下平。”[③] 可见，儒家认为“君子”属上层阶级，之所以能获得特权和地位，一是因为他们道德高尚；二是因为他们可作为人民的楷模，为天下人所效仿。“圣王”是修养最完善之人，已达到了道德的顶峰，当然只有很少一部分人能够达到。由此可见，儒家是以品德为标准来划分社会等级的，儒家承认因修养程度不同，在拥有平等的“评价之心”的基础上有着后天地位、等级上的不平等。

接着，孟旦认为，道家走着另一条道路，他们否认儒家的道德观念、等级制的观念和社会特权的观念。道家坚持这样一个理论：平等不仅存在于人之初，而且存在于所有成人之间。[④] 因为道家认为，“道”是一个统一体，但又存在于世界上每一具体事物之中。某一具体事物产生之后，其中的“道”便成为该事物的“德”，而“德”决定了该事物是什么，将如何生长和死亡。人也是如此，即使后天有所变化，但相对于“道”而言，它不过是短暂的、微不足道的，最终还是要循“道”而生、循“道”而动。因为人也必须遵守“内在之道”这样一个永恒的法则，所以，成人之间也是平等的。由此可知，儒家是以品德作为标准，相信人在长成之后便不平等了；而道家却反驳此观点，认为一切人在后天也应受平等的赏罚，一切都应被宽容，没有人因被“道”偏爱而有特权。道家认为，应该对人一视同仁，黄金与废渣同价，刚强与软弱无异。要想成为真实的“圣人”，只有彻底抛弃儒家所说的“评价之心”。[⑤]

可见，在道家看来，“评价之心”恰恰是阻碍“得道”的重要障碍，“道”即“无”，人们只有消除“评价之心”，返璞归真，才能达到理想的境界。[⑥] 正如《道德经》中所说：“绝圣弃智，而民利百倍；绝仁弃义，而民复

---

① Donald J. Munro, *The Concept of Man in Early China*, New York: Stanford University Press, 1969, pp. 112 – 113.

② 《论语·里仁》。

③ 《孟子·尽心下》。

④ Donald J. Munro, *The Concept of Man in Early China*, New York: Stanford University Press, 1969, p. 17.

⑤ Donald J. Munro, *The Concept of Man in Early China*, New York: Stanford University Press, 1969, pp. 17 – 18.

⑥ Donald J. Munro, *The Concept of Man in Early China*, New York: Stanford University Press, 1969, pp. 135 – 138.

孝慈。”[①] 老子又说：“故大道废，素有仁义。智慧出，案有大伪。六亲不和，案有孝慈。邦家昏乱，案有贞臣。”[②]这些都说明了道家反对儒家以“仁义”为标准，以“评价之心”来判断人。

（二）中西方人之平等观比较

因为中西文化背景的不同，所以中西古代思想家关于人的平等观念的看法也有许多不同。

孟旦认为，中西方所说的“人生来平等”首先是从不同层次上所讲的平等。先秦诸子所说的“人的平等”是一种“自然平等”或描述性的平等；而西方早期基督教的思想家们所讲的“人生来平等”是从“价值平等”意义上来讲的。[③]孟旦说：“犹太教和早期基督教中的平等主义基本上是评价性的。犹太教说，人在上帝的面前是平等的；基督教说，对上帝而言，他的所有孩子都是等价的。圣保罗对加拉太人说：‘在耶稣基督那里你们是完全一样的，没有什么犹太人或希腊人、奴隶或自由人、男人或女人。’他以此说明，要做上帝的孩子不必遵行圣日、行割礼及信奉犹太法律，而只需信仰上帝并接受上帝的指引，不管一个人的性别、身份如何都能做到这一点。但这种平等并不是自然平等，上帝认为他的所有孩子都是等价的——基于信仰的平等并不意味着所有人生来即具有相同的、经验性的特性。”[④]也就是说，人都具有相同的“价值”，或应受到相同的对待。

孟旦由此推断，中西方在人的“平等”概念上所指不同：中国的描述意义上的“自然平等”，不具有西方“人总是具有同等价值”的含义；不具有某人要统治他人时必须追究“契约”的含义；也不具有人人应该一直被平等对待并被看作具有平等权力的含义。[⑤]

其次，中西方早期思想家所说的人之平等在评价尺度上也有不同。儒家

---

① 《老子》19 章。

② 《老子》18 章。

③ Donald J. Munro, *The Concept of Man in Early China*, New York: Stanford University Press, 1969, p. 19.

④ ［美］孟旦著，庄国雄、陶黎铭译：《早期中国“人”的观念》，上海古籍出版社 1994 年版，第 19 页。

⑤ Donald J. Munro, *The Concept of Man in Early China*, New York: Stanford University Press, 1969, p. 182.

关注"德性"，关注人的"评价之心"，认为判断人是否自然平等，不是看他的出身、地位和生理条件，而是根据他是否具有道德理性和社会倾向，即人人皆有的"评价之心"。儒家还认为，只是有自然生命的人并非真正的人，一个生理上成熟的人并非意味着"成人"。孔子有"成人"之说："子路问成人。子曰：'若臧武仲之智，公倬之不欲，卞庄子之不勇，冉求之艺，文之以礼乐，可以为成人矣。'曰：'今之成人者何必然，见利思义，见危授命，久要不忘平生之言，可以成人矣。'"① 可见，"成人"的关键是要有一个道德的标准，即"评价之心"。

与此相反，西方传统文化则认为真正的人在于他的理性，如亚里士多德用先天理性能力的差异来证明自然不平等的原则，而斯多葛学派则以该种能力存在于一切人之中来证明自然平等，由此可见，古希腊思想家们是以"理性"作为标准来衡量人是否平等的。②

关于中西方平等观的比较，李泽厚先生也有高见，他说："在西方，人们都是上帝的儿子，在上帝面前所有实践的尊卑长幼已无任何意义和价值，人们都平等地接受最后的审判。在中国，人们不相信上帝审判或来世天国，于是便执著地从理智到情感、从现实到观念都处在这个细密复杂的人世的伦常关系的网络中。"③ 可见，李泽厚先生也看到了西方的平等是"价值平等"，但是他只注意到了中国人的现实不平等，并没有像孟旦那样，进一步看到人的先天"自然平等"。

然而，笔者认为，孟旦虽然以敏锐的眼光洞察到了先秦诸子们在"人之自然平等"思想上的一致性，但是他忽视了道家与法家在信仰"人之自然平等"的同时，也在各自追求一种"人之价值平等"和"人的现实利益平等"。比如，道家认为，圣人应爱民、应"无为"、应不图名利，因为百姓与圣人具有同等的价值。道家的"圣人恒无心，以百姓之心为心"④，"我无为而民自化，我好静而民自正，我无事而民自富，我无欲而民自朴"⑤，以及"圣人

---

① 《论语·宪问》。

② Donald J. Munro, *The Concept of Man in Early China*, New York: Stanford University Press, 1969, pp. 18 – 21.

③ 李泽厚：《中国现代思想史论》，天津社会科学院出版社2003年版，第316页。

④ 《老子》49章。

⑤ 《老子》57章。

无名"[1]等语句便是此种精神的描绘。道家还认为，人的价值是从道大、天大、地大、人也大的人与物的统一之中得到确定的，并不是从人与自然物、生物的区别中确定的。如"知常言，容乃公，公乃王，王乃天，天乃道，道乃久，没身不殆"[2]，"顺物自然而无容私焉，而天下治矣"[3]，"广广乎其无不容也，渊渊乎其不可测也"[4]等。可见，这种虚怀若谷、容纳百川的包容精神，恰恰是那种不受等级差别、先在条件限制，只管一视同仁、平等施与，不以亲疏贵贱、先在秩序为准绳的精神体现。那么，如何实现人的价值平等呢？老子认为，"自爱，而不自贵"[5]。如果人人自爱而不自显尊贵，不损害别人，那么，整个社会便实现了爱。由此可见，道家的价值平等思想也是十分明显的。

当然，法家的平等观十分复杂，并不像孟旦说的那么简单。人们也许会称法家为现实主义者，因为法家除了主张人的自然平等外，还极力主张人在现实生活中或在现实利益面前是平等的。如韩非子说："臣尽死力以与君市，君重爵禄以与臣市，君臣之际，非父子之亲也，计数之所出也。"[6]可见，在法家眼里，君臣之间不过是生意上的合作伙伴，有着共同的利益罢了。这是因为法家看到了社会的丑恶、人性的软弱和自私，所以他们为了主持公正、伸张正义，就极力去主张以法治国，追求一种现实生活中的平等。但是，如果从"势"的角度看，法家又认为，君臣之间也是不平等的。当然不仅是道家和法家，甚至连儒家的创始人孔子也承认人的不平等，认为人有与生俱来的智力差异，人有"上人"和"中人"之别等。[7]

（三）"人之自然平等"思想对中国社会的影响

"人之自然平等"思想贯穿于整个中华传统文化之中，它对中国后世的教育制度、佛教思想以及儒家伦理思想都有着深远的影响。

---

① 《庄子·逍遥游》。
② 《老子》16章。
③ 《庄子·应帝王》。
④ 《庄子·天道》。
⑤ 《老子》72章。
⑥ 《韩非子·难一》。
⑦ 《论语·雍也》。

孟旦认为，“人之自然平等”思想对中国的教育制度影响最大。他说，中国古代思想家坚信人的自然平等，坚信人的可塑性，坚信没有人存在先天的缺陷，因此，人的道德发展的方向主要取决于教育。也就是说，人们若不存在先天缺陷，那么他们的善恶主要取决于后天的环境与教育。中国人认为人人皆可成为尧、舜，强调教育的万能作用，强调教育手段是改变人类行为的关键。也正是由于这种自然平等的思想，中国人把教育技术的变化当作是解决紧迫的社会问题和政治问题的钥匙，把教育当作是解决社会问题的关键手段。①

孟旦在书中列举了我国历史上许多企图通过教育手段来实行社会控制的著名的历史事件。如宋代范仲淹的改革：当时的宋王朝外受中国北部和西部少数民族的威胁，内有财政危机、政府官员腐败，在这样的内忧外患的情况下，改革家范仲淹开出了一张“教育治疗”的处方。改革的主要措施是：建立半官方的学校体系，改革官员考试制度与考试内容。他希望通过教育的改革来挽救没落的宋王朝，这是受到传统儒家文化的影响所致。再如，在20世纪20年代初，辛亥革命以后，军阀混战，外敌入侵，日本人妄想趁机夺取以前德国在华北的势力范围，而国民政府又不能统一全国。就在这样的情况下，从国外留学回国的胡适同样为中国开出了“教育改革”这一万灵药方。他主张“教育救国”，提出处理中国的政治问题和社会问题的对策就是创造白话文及适用于教育普遍化的大众文学。胡适这一主张之所以能够风靡一时，恐怕也是符合历时已久的儒家关于“教育万能”的思想。“文革”前期，在国内，毛泽东因为实行一系列过“左”的经济政策和对外政策，所以受到当时其他中央领导人的反对和抵制；在国外，中国与美国的矛盾冲突越来越厉害，越南战争正进行得如火如荼，并且中苏关系陷入分裂。这些使毛泽东感到内外夹击，由于错误地估计了当时的形势，认为当前的任务是清理“修正主义”。同时，毛泽东又采取了令人惊奇的措施，即实行“复兴半工半读学校”。这类学校的学生，用一半时间劳动，一半时间学习。而在普通的学校，毛泽东号召减少学时，以便挤出时间进行劳动锻炼和政治教育。他认为这种教育改革能够培养出具有劳动观念的人才，他们将会对“修正主义”产生免

---

① Donald J. Munro, *The Concept of Man in Early China*, New York: Stanford University Press, 1969, pp. 182, 82 – 83.

疲力。这一切都是毛泽东相信“教育万能”的结果。[①]

孟旦还认为，“人之自然平等”思想对中国的佛教也产生了影响。为什么来自印度的某些观念得以留传下来，而另一些观念则销声匿迹呢？如小乘佛经很早就传入中国，可佛经尚在，影响阙如。因为该教义坚持认为某些人生来便有不纯的“种子”，所以他们永远摆脱不了轮回，永远不能涅槃；而另一些人则生来具有纯的“种子”，他们便能摆脱轮回，达到涅槃。由此可见，小乘佛教包含一种自然不平等思想，与中国思想中占主导地位的自然平等思想格格不入，其灭亡的命运也就在所难免了。相反，天台宗或禅宗则得到广泛的传播，因为这两个派别强调人生来就都具有“佛性”，这恰好吻合了中国本土的自然平等的思想。[②]

孟旦也同样相信，“人之自然平等”思想会影响中国的伦理制度。因为它是儒家伦理学的理论基础，所以儒家在人人自然平等的基础上坚决反对世袭制，但现实中，儒家又建立了以“德”为标准的等级制。

因为早期儒家和柏拉图主义者对人生来平等的看法不一致，所以对待世袭制的看法也不相同。虽然他们双方都赞同以“德”为基础的贵族政治，但他们的看法分别建立在人的自然平等与不平等的基础之上，因此，中国古代思想家们反对世袭制度，而古希腊的思想家们却坚守世袭制。早期儒家坚信人生来平等，没有贵贱，后天的等级分化是以“功德”为标准来划分的。某些人的政治特权和经济特权是不可能世袭的。[③]“虽王公士大夫之子孙也，不能属于礼义，则归之庶人。虽庶人之子孙也，积文学，正身行，能属于礼义，则归之卿相士大夫。”[④]也就是说，他们所说的“等级制”、“贵族政治”是建立在“道德品质”基础之上的。根据“德”的不同可将人分为君子和小人、圣贤和百姓以及为善之人和为恶之人等，这与西方不同。柏拉图主义者相信人生来不平等，明确把奴隶排斥在正常人之外，认为他们只不过是一些会说

---

① Donald J. Munro, *The Concept of Man in Early China*, New York: Stanford University Press, 1969, pp. 163 - 168.

② Donald J. Munro, *The Concept of Man in Early China*, New York: Stanford University Press, 1969, pp. 177 - 178.

③ Donald J. Munro, *The Concept of Man in Early China*, New York: Stanford University Press, 1969, pp. 112 - 113.

④ 《荀子·王制》。

话的工具，明确地把人分为统治者与被统治者、主人与奴隶。主人的子孙仍然是主人，奴隶的子孙仍然是奴隶，这种世袭制的观念存在于柏拉图、亚里士多德等人的思想中，并成为西方文化的一种传统。①

自然平等思想影响中国社会可谓深矣，除以上孟旦所述之外，笔者认为，影响最为显著的是时至今日仍令许多西方人叹服的科举制度。可以说，在科举制度的作用下，中国建立起了世界上最早、最完善的文官政治。我们知道，作为对贵族政治、武人政治和宗教政治的一种积极否定，文官政治是近代社会普遍接受的规则。但是，在西方，文官政治的确立是资本主义社会开始以后的事情。在中世纪的欧洲，由贵族和教会共同把持的政教合一体制中，几乎没有一般意义上的文职官员。可以说，"文官选拔促成的考试制度，是中国文化的一大贡献，现行欧美、日本等国的文官考试制度，究其根源，是在中国科举制度影响下发展起来的"②。这是一种不论出身、财产、地位、名望等条件，只凭个人学识进行的平等的考试，这难道不是受到自然平等思想以及儒家反对世袭制思想的影响吗?

（四）对"自然平等"观的阐发

总之，孟旦已对"人之自然平等"观念及其对中国的佛教思想和教育制度的深远影响加以分析。他相信它们是西方人理解中国文化的关键所在，因为"自然平等的观念在中国曾有着强大而持久的力量，它不仅对于古代中国思想的两个主要派别（儒家和道家），而且对于直到现代的中国哲学和政治理论的所有分支都是如此"③。

但是，孟旦也认识到了儒、道两家的自然平等思想的缺陷。他说："显然，人们在某些方面天然相似而在另一些方面则天然相异。如果强调自然平

---

① Donald J. Munro, *The Concept of Man in Early China*, New York: Stanford University Press, 1969, pp. 14 – 15.

② 金诤:《科举制度与中国文化》，上海人民出版社 1990 年版，第 3 页。

③ Donald J. Munro, *The Concept of Man in Early China*, New York: Stanford University Press, 1969, p. 21. 中译本第 21 页将此句译为："自然平等的观念在中国已有着强大而持久的力量——不仅对于古代中国思想的两个主要派别，而且对于直到现代的中国哲学和政治理论的所有分支都是如此。"笔者删掉了"——"，增加"它"和"（儒家和道家）"，使句子更加通顺易懂。

等，那不过是强调人们某些相似的特征，即所有人都能（以评价之心对事物）进行评价；‘道’存在于万物之中；所有人都有某种需要、都会经受某些情感等。如果主张人的自然不平等，就会去强调人们另一些相异的特征：如肤色黑白不同、身体强弱不一等。儒家和道家在争论‘人之自然平等’问题时，无非是把他们各自关于什么是重要的标准强加于读者。可见，在他们的争辩中暗含着一定的价值判断。”①正如安乐哲所说：“对于人性，任何一种严格意义上的同一性或普遍性，以及随之而来的平等的观念，从根本上说都是不适用的。”②

另外，在《早期中国“人”的观念》一书中，孟旦还指出一个让中国读者十分关注的问题，即“自然平等的观念在中国历史上占有十分重要的地位，但在西方显得并不那么重要。那么，为什么对‘契约政府’的要求和政治民主的观念（这种观念似乎建立于所有人生来平等的假说之上）产生于欧洲而不是中国呢?”③施忠连说：“蒙罗认为这一问题有待深入地探索，但是有一点是明显的，即中国古人只是‘在描述的意义上强调平等’，只是‘集中注意力于人出生时的状况’，而不关心‘人如何被当作成人对待’。”④ 也就是说，“中国人强调描述意义上的平等，关心人出生时的境遇，注重人共有的、在理论上可以通过经验或其他方式证实的属性。……但对人们作为成人应该

① Donald J. Munro, *The Concept of Man in Early China*, New York: Stanford University Press, 1969, p. 21. 笔者参看了中译本第20页的翻译“显然，人们在某些方面天然相似而在另一些方面则天然相异。强调自然平等，只不过是强调相似的方面：所有人都进行评价；‘道’存在于万物之中；或所有人都有一定需要、都会经受某些情感。而如果主张人的自然不平等，就去主张另一些方面：如肤分黑白、体有强弱等。儒家和道家在争论人的自然平等问题时，无非是把他们各自关于什么是重要的标准强加于读者。在他们的争辩中暗含着一定的价值判断。”本着“信”与“达”的原则，我增加了“以评价之心”以及关联词“如果”、“可见”等，使句意更加通顺，又更忠实于原文。

② [美] 安乐哲著，张燕华译：《差异比较与沟通理解：当代西方学者研究中国哲学的倾向及障碍》，载上海中西哲学与文化比较研究会编：《时代与思潮》（第六期），学林出版社1998年版，第238页。

③ Donald J. Munro, *The Concept of Man in Early China*, New York: Stanford University Press, 1969, p. 179. 中译本第184页将此段译为：“自然平等的观念在中国非常重要，相比之下，它在西方就显得无关紧要了。那么，为什么对‘契约政府’的要求和政治民主的观念（这一观念似乎依赖于人是被造就成平等的这一假说）起源于欧洲而不是中国?”笔者认为，其一，中译本对此句的翻译没有注意到英文中“过去式”涵义的翻译；其二，此句括号中的译文太拘泥于英文句式的表达。

④ 施忠连：《现代新儒家在美国》，辽宁大学出版社1994年版，第336页。

怎样被对待几乎没有涉及。这与需要社会地位、政治力量、权益或特权的不平等的信念并无二致”[①]。孟旦说：“基本上属于描述性的陈述不一定暗含应该用任何特定方式待人的意思。例如，孟子所指的与人之初相关的善性不包含人应公平或公正待人以及作为成人享有平等权利的意思。但关于平等的纯评价性论述，首先强调的是平等的必要性——应公正待人，人之一生享有平等权利。”[②]也就是说，孟旦暗示，事实平等并不必然导向价值平等，描述意义上的平等并不必然能推出纯评价性的平等。而西方早已有价值平等的观念，这恰恰是中国“人”之观念中所缺少的，所以政治民主的观念首先产生于欧洲而不是中国，也就不足为怪了。

① ［美］孟旦著，庄国雄、陶黎铭译：《早期中国“人”的观念》，上海古籍出版社 1994 年版，第 184 页。

② ［美］孟旦著，庄国雄、陶黎铭译：《早期中国“人”的观念》，上海古籍出版社 1994 年版，第 185 页。

二、“象喻”思维与朱熹人论

朱熹哲学中的“象喻”代表着中国人独特的形象思维方式，它具有结构和情感两种功能。它既能反映事实与价值的混合，又表明“亲亲”原则与“利他主义”原则并非对立。朱熹在解决人论第二组矛盾（即“权威的导师”与“自得”的矛盾）时，确立了政治权威的至高无上性，并将政治形象分为“统治者”形象（即“道心”）与“被统治者”形象（即“人心”）。

我们知道，中国学者研究朱熹的“人”之概念最常用的一种评价标准是看它是否符合传统，是否传承了孔孟的儒家传统，如牟宗三先生就是持这样的观点。他在三卷本《心体与性体》中分宋明理学为三系：以《论语》、《孟子》为主的陆王系；以《中庸》、《易传》为主的胡五峰刘蕺山系；以《大学》为主的程颐朱熹系，并将朱熹视为歧出。对朱熹的这种看法是不是公平的呢？应以什么方法和思路来解读朱熹哲学庞大而复杂的体系呢？朱熹是位集大成者，因此孟旦在《宋代的人性形象》（*Images of Human Nature*：*A Sung Portrait*）一书中，以“象喻”为着眼点来构建朱熹整个哲学体系，并重点解读朱熹的人性论和政治哲学。

孟旦认为：“以前，西方一些恰当的研究主要依赖于如下一些有用的方法，如词汇定义的、历史社会学的和理学传统的本质分析等方法。他们澄清了朱熹的思想及其后期思想的转化。但是，每一种方法所产生的重要新视野却揭示了朱熹作品中有一些不能系统化的思想体系。这些发现建议我们还有更多的工作要做。我们要去揭示那些能够贯通于朱熹自身的思想，以及他的追随者的思想的哲学要素。如果我们能找到一把好的钥匙，那么，在那些朱熹认为是一致的思想，而对现代分析者来说也许是有矛盾的思想之间作出区分，便是可能的。”[①]孟旦又说：“因为其作品数量之多并且对中国历史的影响之深远，所以人们很难解开其哲学理论中的复杂关系，甚至，对其思想的组织也不太容易把握。”[②]

因此，孟旦“便是在朱熹本人的论述方式中找寻这把钥匙。也就是说，朱熹通过分析某些占主导地位的，且用来表达他自己思想的结构性形象，使其人性概念变得清晰。……在研究中，有时图画式的形象要比它们意图阐明的人性的理论发挥更加核心的作用。这是无法逃避的事实，因为理论学术只有通过形象发现的方式，才能清晰地显现出来”[③]。孟旦在对西方和中国哲学家进行多年研究之后，得出这样一个假设，即人们经常以“形象”的方式进行思考。这些形象中的一部分，如“光”、“水”以及“身体”等喻象，在中国和在西方都是很相似的。[④]

在朱熹的庞大哲学体系中，孟旦以朱熹“人”的概念作为突破口，抓住朱熹作品中的典型形象来加以说明。可以说，《宋代的人性形象》一书的独特之处便在于作者运用了一种创造性的方法：通过分析朱熹用来表现其思想的几种结构性形象，如水、家庭、镜子、身体、植物以及君王等，来解释朱熹关于“人”之概念的两组对立的观点，并使朱熹的人性观念成为一种有关联的、和谐的系统整体。

关于人性的观念，儒家一直有两组内在矛盾解决不了，一个是“亲亲”原则与“利他主义”原则的矛盾，也就是“家庭优先”原则与“普遍仁爱”原则的矛盾；另一个是“自我修养”与“外在权威”之间的矛盾，也就是以强调“自我修养”、“道德上自我提升”与以服从“外在礼法”、“客观权威”的矛盾。从表面上看，朱熹的哲学也存在着这样的矛盾，这可能就是以牟宗三为代表的一些哲学家将他视为歧出，认为他的思想前后矛盾的重要原因之一。事实上，朱熹的哲学是一种有关联的、和谐的系统整体。

---

① Donald J. Munro, *Images of Human Nature: A Sung Portrait*, Princeton: Princeton University Press, 1988, p. 3.

② Donald J. Munro, *Images of Human Nature: A Sung Portrait*, Princeton: Princeton University Press, 1988, p. 3.

③ Donald J. Munro, *Images of Human Nature: A Sung Portrait*, Princeton: Princeton University Press, 1988, p. 3.

④ Donald J. Munro, *Images of Human Nature: A Sung Portrait*, Princeton: Princeton University Press, 1988, p. 221.

关于人性论，朱熹认为："孟子之论，尽是说性善。至有不善，说是陷溺，是说其初无不善，后来方有不善耳。若如此，却似'论性不论气'，有些不备。……如退之说三品等，皆是论气质之性，说得尽好。只是不合不说破个气质之性，却只是做性说时，便不可。……若荀扬则是'论气不论性'，故不明。"[①]那么，朱熹本人的人性论观点是什么呢？他回答说："'论性不论气'，不备；'论气不论性'，不明，二之则不是。"[②]由此可见，他主张"天地之性"和"气质之性"都是人性，两者缺一不可。"天地之性"为至善，而"气质之性"有善有恶，那么，朱熹是如何协调这两种"性"于人一身的呢？

孟旦认为，朱熹是以"结构性形象"来揭示"人"之概念，并在这些"结构性形象"中再现"天地之性"和"气质之性"之不同以及探究"天地之性"和"气质之性"在同一个人身上是如何协调的。例如，用家庭（Family）形象与小溪（Stream）形象来比喻"人"既处在"稳固的等级制"（Tranquil Hierarchy）中又具有"平等的价值观"（Equal Worth）之间的矛盾；用镜子（Mirror）、身体（Body）、植物（Plant）和园丁（Gardener）等形象来解决儒家"人"之概念内关于"亲亲"原则与"利他主义"原则之间的矛盾；用"政治形象"来比喻"权威的导师"（Authoritarian Teachers）与"个人的发现"（Personal Discovery）之间的矛盾（朱熹用此喻也是为了解决"自我修养"、"道德上自我提升"与"外在礼法"、"客观权威"的矛盾）。可见，孟旦抓住朱熹的结构性形象，将朱熹不同的伦理观点整合起来，这些看似无关联的伦理观点恰好能构成并显示出朱熹的"人"之形象。

（一）"结构性形象"的功能

因为"象喻"可以很好地揭示"人"之概念，所以孟旦首先对朱熹的"结构性形象"作了充分的研究，并归纳出"结构性形象"本身具有如下特征：

特征一，朱熹的"结构性形象"具有两个功能——结构的功能和情感的功能。关于"结构性形象"（Structural Images）的概念，孟旦认为："在朱熹

① （宋）黎靖德编：《朱子语类》卷四，岳麓书社 1996 年版，第 59 页。
② （宋）黎靖德编：《朱子语类》卷四，岳麓书社 1996 年版，第 64 页。

那里，形象具有两个功能——结构的功能和情感的功能。一种形象将一个理论所研究的客观世界中的不同事物之间的关系构组在一起，并且促使人们注意结构关系的某些方面。它同时也引起对这些事实的情感反应。”[①] 也就是说，朱熹的“结构性形象”之结构功能表明：所有的物理现象都是以一定的方式相互联系的，即该形象能够运用理论在不同事实甚至相互分歧的事实之间建立起一定的联系，引起人们对事实相联系的方面加以关注。[②]若没有这些“结构性形象”，读者也许一点也不会注意到在问题中相关联的事实。例如，运用于所有自然界的客观物体之中的家庭形象向读者表明了这样一个信息：自然界的道德也像存在于家庭中的道德一样，存在着相互义务和相互期望。[③]

“结构性形象”的情感功能显示：朱熹想用“结构性形象”来表明一些他所鼓励人们去接受的价值观。也就是说，“结构性形象”与文化特别类似，它能引出对事实的情感反应，使事实与价值相联系，从而揭示出朱熹想要申明的价值观。[④]这种方法能激起读者在理论方面的共鸣，能促使读者用新的方法或从新的角度去思考理论的内容。例如，投射于心上的“光”形象不可能从字面上严格地或明确地由读者来接受，但是这种“光”形象促使读者倾向于去思考“心”的向外扩张性特征，促使读者倾向于去思考这种形象能够使他们自己超越自身的肉体自我，映射到外物之上。事实上，这是一种移情别用的方法。[⑤]

特征二，“结构性形象”反映了事实与价值的混合。以上“结构性形象”的两种功能的结合，实际上反映了事实与价值的混合。[⑥]孟旦提醒我们，在对朱熹的理论以及其理论相融合的“结构性形象”进行研究时，千万不要忘了“事实与价值的融合”。“结构性形象”同文化和世俗的融合，成为揭开和理

---

① Donald J. Munro, *Images of Human Nature: A Sung Portrait*, Princeton: Princeton University Press, 1988, p. 221.

② Donald J. Munro, *Images of Human Nature: A Sung Portrait*, Princeton: Princeton University Press, 1988, p. 23.

③ Donald J. Munro, *Images of Human Nature: A Sung Portrait*, Princeton: Princeton University Press, 1988, p. 36.

④ Donald J. Munro, *Images of Human Nature: A Sung Portrait*, Princeton: Princeton University Press, 1988, p. 23.

⑤ Donald J. Munro, *Images of Human Nature: A Sung Portrait*, *Princeton*: Princeton University Press, 1988, p. 36.

⑥ 周炽成：《孟旦对中国人性论与认识论的研究》，《中国哲学史》2004年第1期，第113~118页。

解那些扎根于自然理论以及扎根于人类行为等价值观的钥匙。当形象出现于朱熹的作品中时，它不仅揭示了客观事物之间的联系，也提出了应该怎样感觉它们和作用于它们的价值性的建议。“结构性形象”也用来提供那些肉眼看不到的东西的信息，在这种情况下，“结构性形象”指出了可能内在于客观世界的价值观。可见，朱熹以喻象将事实与价值融合在一起，喻象既是对事实的解释，又是对事实的价值判断。①例如，我们一旦将家庭形象注入自然之中，那么那些存在于父亲、母亲以及子女之间的相互义务就会被看成是合星辰、山脉以及河流等为一体的宇宙整体之间的关系。这种家庭的形象不仅支持了各角色作用的履行和完成，同时也显示了各角色之间的相互义务和期望的价值观念，因为这是成为一个好的家庭成员所必须做的事情。无论这些成员是人还是宇宙客体，都要遵守“礼”。②

特征三，“结构性形象”分为静态的结构性形象（Static Images）和动态的结构性形象（Process Images）两种。孟旦认为，静态的结构性形象是指在结构性形象描绘最显著的地方或者是在该形象所运用的事实之中描绘得最为重要的地方，不存在运动和改变，即主要的地方没有改变，我们可以对其进行静态的把握。例如，朱熹以家庭形象去认识人们的角色作用时，发现人们由幼小长到成熟肯定是有变化的，可是朱熹最为重要的思想是形象的不变之本质——作为一个固定的等级作用的网络家庭。③

动态的结构性形象是指形象描绘侧重于运动和事物的发展。例如，小溪形象的本质是运动的，它从其纯净的源头，穿过淤泥堆积的海峡，然后归至大海，都是动态的。植物也是如此，由秧苗慢慢地成熟、长大，再由成熟走向消失和衰退，都是变化的过程。朱熹的理论就是运用各种结构性形象去揭示儒家体系中理论上的两极之间的内在矛盾或紧张，想在理论中去调和它们的矛盾，并使他的人性论思想成为系统化的整体。而这种动态的结构性形象恰好能起到这样的作用：调和矛盾，将有矛盾的信仰和解释融为一体并协调

① Donald J. Munro, *Images of Human Nature: A Sung Portrait*, Princeton: Princeton University Press, 1988, p. 32.

② Donald J. Munro, *Images of Human Nature: A Sung Portrait*, Princeton: Princeton University Press, 1988, pp. 32 –33.

③ Donald J. Munro, *Images of Human Nature: A Sung Portrait*, Princeton: Princeton University Press, 1988, p. 34.

一致起来。正如呼吸的过程既有扩张又有收缩，这是一组矛盾，可这一组矛盾能和谐发展；阴阳变化运用于季节的变化，并可用来解释冷与热，变化过程本身也体现出静与动的协调一致。孟旦说，朱熹特别重视动态的结构性形象，因为它能协调矛盾的信仰，静态的结构性形象则做不到。①

针对以上特征，孟旦在《宋代的人性形象》一书中，对“结构性形象”作了一个评价。他说，对朱熹的“结构性形象”进行研究是解释朱熹人性概念的第一步。同时，也揭示了朱熹企图利用结构性形象，来调和那些对现代读者来说似乎是相矛盾的思想。例如，家庭之爱与社会之爱的矛盾，以及自然规则存在于“心”还是存在于客观权威的矛盾，等等。但是，因为它具有使人产生情感反应的能力，并允许它去解释一些事实并公正评价与那些事实相协调的具体道德义务，所以中国哲学家不会成为真正的实证主义者，中国也不可能在儒家思想基础上产生真正意义上的科学。②笔者认为，孟旦对中国人的思维方式和生活方式的评价是公正的，这种结构性形象的说明方法，确实阻碍了现代意义上的科学的发展。

（二）儒家人论矛盾之一：“亲亲”原则与“利他主义”原则

孟旦研究了朱熹如何解决以家庭形象与小溪形象来比喻的“稳固的等级制”与“平等的价值观”之间的矛盾。他说，“平等价值”的概念与“等级制价值”观念是共存的，人在先天上是自然平等的，但人后天对自己的“评价之心”运用程度有所不同，导致了人们在后天的不平等。当然，孟旦主要研究的是存在于这两种价值观之间的潜在对立性，这两种价值观之间的对立在中国社会中的长期应用，以及朱熹如何运用家庭形象与小溪形象来调和这种对立。③

孟旦首先对家庭形象和小溪形象进行了概括性的说明。他认为，朱熹根据家庭形象的解释提供了一种宇宙的公正，同时这种宇宙的公正也为社会角

① Donald J. Munro, *Images of Human Nature*: *A Sung Portrait*, Princeton: Princeton University Press, 1988, p. 34.

② Donald J. Munro, *Images of Human Nature*: *A Sung Portrait*, Princeton: Princeton University Press, 1988, pp. 40 – 41.

③ Donald J. Munro, *Images of Human Nature*: *A Sung Portrait*, Princeton: Princeton University Press, 1988, p. 34.

色作用的发挥提供了一种秩序和公正。也就是说，社会的秩序来自于等级制的宇宙秩序，家庭秩序便是等级制的宇宙秩序的一个模式。这种“家庭”价值观一旦被实现，便显现在一种更加普遍化的价值领域中，并在社会实践中表现出平稳的、有序的和等级制的体系。而根据小溪形象去解释自然，就显示出了一种净化自身和净化他人的责任。“净化”是一种价值观，这种价值观指出了每个个体都具有潜在的平等。也就是说，“净化”揭示了万物的最初本质，因为这个最初本质，我们可以知道所有人最初都是平等地被赋予了“善”，就如最初的纯净之水一样。① 朱熹说：“性譬之水，本皆清也。以净器盛之，则清；以不净之器盛之，则臭；以污泥之器盛之，则浊。本然之清，未尝不在。”②

由上可见，在这两种理论和实践中，家庭形象突出表现了在等级制社会中与个人角色地位相一致的价值观，这些价值观包括“忠”、“敬”、“孝”和家族情感优先等。相反，小溪形象强调的则是以所有人共同拥有的东西去代替那种用来区别所有人的东西。③

关于朱熹的家庭形象，孟旦作了进一步的分析。他认为，朱熹的家庭形象要求所有的个体都履行社会功能，因为每个人都需要遵守规则，这样才能成为好的家庭成员。每件事情都是有序地拥有自己的地位的，由“恕”的职责和“敬”的职责所联结的等级制理论是一种有力的理论，它有力地说服人们去相信人类社会角色作用的自然性。因此，无论是宇宙中的“分”与“位”，还是社会中的“分”与“位”都是自然的，它们都遵照“天叙”。“天叙”即自然秩序，是由“天”设计的。因为受制于这种权威，所以给予万物（特别是人）一种有用的心理学工具，此工具能产生一种接纳义务和情感的意愿。当人们履行他们的社会角色义务时，实际也就是在实现他们的“公”的价值。“稳定性”（Tranquility）来自于人们遵守恰当的人际关系，特别是“三纲”（Three Bonds）和“五常”（Five Relations）。在完美的宇宙整体中，每个事物都各按其“位”、各按其“分”并保持稳定。虽然个人的

---

① Donald J. Munro, *Images of Human Nature: A Sung Portrait*, Princeton: Princeton University Press, 1988, p. 34.

② （宋）黎靖德编：《朱子语类》卷四，岳麓书社 1996 年版，第 66 页。

③ Donald J. Munro, *Images of Human Nature: A Sung Portrait*, Princeton: Princeton University Press, 1988, p. 44.

角色可以改变，但是静态的等级制有着不可逾越的界限。①

关于朱熹的小溪形象，孟旦认为它解释了万物之间的结构联系和生命之间的潜在平等（因为它们都有着共同的源泉）。因为“水”具有穿透力，能穿透世界万物，于是“水”也就成为万物的本性并将万物联系在一起，使万物有着共同的源泉。小溪形象使人产生对纯净之水的“敬”，也能使人产生万物统一的情感，所有这些都是通过水之流动来实现的。作为结构形象的“小溪”，强调的是“净化”的价值观，即实现万物之平等的价值观；作为过程形象的“小溪”，解释了两种看似不能共存的人性描述。其实，“性善”是“源”，“性恶”是“流”，是在“小溪”流动过程中被污染而产生的，因为“性如水，流于清渠则清，流入污渠则浊”②。这个流动的过程告诉我们，并非有两种不同的人性，只是过程不同而已。“小溪”之形象使两种人性论和谐一致起来，或者说使它们妥协起来。

同时，朱熹用“小溪”的形象去解释宇宙的变化方式：“心之理贯穿于万物”，就如血液在血管里流动一样（“血”是小溪的次级形象，因而具有水的特征）；“天道”也如“血”的功能一样，“天道”赋“理”于“气”，并赋予“气”以运动方式，因为“有理，便有气流行，发育万物”③。因此，宇宙运动是可以用小溪流动的形象来表达的。④

小溪的形象还被朱熹用来解释潜在的和实际的人性，例如，“水之就下”就如“人之向善”，水之源头是纯净的，就如人的本性是善的一样；水之流动若按恰当的方向进行便称为“义”，“爱”与“孝”之“仁”就像水之流动能贯穿万物，等等。⑤

朱熹这些看似完美的论述，却受到了孟旦的指责。他指出了朱熹利用小溪形象对人性的分析的不足之处：

其一，在实际中，人性之恶（这是由“气质之性”的“沉淀”引起的

---

① Donald J. Munro, *Images of Human Nature: A Sung Portrait*, Princeton: Princeton University Press, 1988, pp. 54 - 56.

② （宋）黎靖德编：《朱子语类》卷四，岳麓书社 1996 年版，第 66 页。

③ （宋）黎靖德编：《朱子语类》卷一，岳麓书社 1996 年版，第 1 页。

④ Donald J. Munro, *Images of Human Nature: A Sung Portrait*, Princeton: Princeton University Press, 1988, p. 59.

⑤ Donald J. Munro, *Images of Human Nature: A Sung Portrait*, Princeton: Princeton University Press, 1988, p. 59.

"自私"等念头）的存在，与朱熹关于"理"之胜利的可能性理论之间有些脱钩。也就是说，朱熹没有清晰地表达出"理"之胜利的基础。

其二，小溪形象同所有其他结构性形象一样也许会使其使用者（朱熹）迷惑于对其他关系的关心，即关心那些本不属于或根本无关于人性的关系。因为并不是所有喻象自然物体的性质都能被恰当地运用于与自然理论相关的现象中。例如，我们可以说碗之脏能够与盛在碗里的纯净水相互作用，因为它们都是物质的。但是，我们怎么能将人的无形的、超验的"性"与其肉体相互作用呢？再者，在物质世界所观察到的性质能够完全运用于超经验之物吗？朱熹就是将数量多少的"水"说成是数量多少的"理"。最后，朱熹经常提及"水"的另一个特征是"有方向的运动"。但是，他对人类如何参加有方向的运动说得很模糊，也解释不清，因为人的活动方向不是由血液的流动方向来确定的。这里朱熹也暗示了人的情感道德能够像"水之就下"一样重复地发生，但是，这可能吗？[①]

总之，孟旦认为朱熹的这套理论给我们留下了一个问题，即怎样去调和由家庭形象所比拟的社会角色义务的履行与小溪形象所比拟的平等的泛人道主义之间的关系？家庭形象给出了人的等级制关系的宇宙论说明，家庭关系主要表现为"三纲五常"；而水之喻象暗示了所有人都拥有同一个母亲，都是直系亲属，这种为万物所共有的"理"通常被想象为"水之源"，有利于强调"人人平等"的理论。稍加分析便知，对家庭成员的义务与对家庭之外的人的义务之间存在着矛盾，正是这组矛盾使儒家处于进退两难之间。即使朱熹建立理论去调和两者之间的矛盾，可是有太多理由让人相信，这两者之间的张力是永远不能成功地被消解掉的。这种调和的失败，对中国社会有着不可估量的消极影响，特别是对"当代"中国。[②]

笔者认为，尽管存在这些不足，孟旦对朱熹的家庭形象所显示的"等差之爱"的说法还是十分欣赏的。正如刘笑敢先生所说："关于社会角色的相互关系的见解可以使我们认识到我们对某些人有特殊的义务，我们不应该像西方的功利主义者和康德主义者那样主张对待所有的人都完全一样。很显然，

① Donald J. Munro, *Images of Human Nature: A Sung Portrait*, Princeton: Princeton University Press, 1988, pp. 71 – 72.

② Donald J. Munro, *Images of Human Nature: A Sung Portrait*, Princeton: Princeton University Press, 1988, p. 73.

不少人不赞成孟旦的这一观点。因为中国人正追求平等博爱，怎么又提倡儒家的'爱有差等'呢？其实，儒家伦理不过是把'爱有差等'这种古今中外人类社会的一个普遍现象作了一个归纳和总结，肯定了这种现象的合理性。事实上，从古到今没有多少人能够真正做到'爱无差等'，如果大家真的对待自己的父母像对待陌生人一样，对待陌生的女子像对待自己的妻子一样，这个世界会是什么样子呢？儒家的'亲亲'原则与西方的平等博爱是在不同层面立论的，把这两者混为一谈或对立起来当然是不对的。"①

关于"等差之爱"，国内学者正进行着一场激烈的争论，其中以郭齐勇、蒙培元、丁为祥以及法律专家范忠信为代表的学者赞成儒家的"等差之爱"具有普遍性，认为"亲亲互隐"不是现代贪污腐败的根本原因；而以刘清平和黄裕生为代表的学者则持相反意见。

黄裕生批驳了儒家的"等差之爱"理论，他说："甚至连'仁'这个最高原则本身都不可能具有普遍性（因为它没有非经验的绝对根据），因此，它所倡导和维护的目标中的'亲爱'只是一种特殊之爱，而不是普遍之爱。"他进一步称："爱有等差，这是儒家伦理学中最荒诞、最黑暗的思想，它在理论上导致整个儒家伦理学陷于相对主义和特殊主义，从而否定一切绝对的普遍性伦理法则；在实践上，则给实践——践履原则的过程留下了可以灵活的巨大空间，直至一切保证正义的绝对原则都丧失掉规范作用。"②可见，这一派的主要观点认为，儒家伦理只是履行角色功能的伦理，只是血缘亲情伦理；具有的只是一种相对性和特殊性，不具有西方伦理学的那种普遍性，因而不值得提倡，只能被抛弃。

相反，郭齐勇和丁为祥则认为，"礼"是蕴涵在角色中的本相意识，"仁"是本相与角色的互含且有双重性的关系。"在儒学哲学中，普遍与特殊、绝对与相对的关系，既不是单向度的，也不是单方面的，而始终是双重而双向的。"③他批评地指出："黄先生（黄裕生）完全是隔着玻璃看自家传

---

① 刘笑敢：《研究比较哲学与人性论的巨擘——孟旦的中国哲学史研究》，载傅伟勋、周阳山主编：《西方汉学家论中国》，正中书局 1993 版，第 180 页。

② 黄裕生：《普遍伦理学的出发点：自由个体还是关系角色?》，《中国哲学史》（季刊）2003 年第 3 期，第 20 页。

③ 郭齐勇、丁为祥：《也谈本相与角色：论儒家道德伦理的特殊性与普遍性兼答黄裕生先生》，《中国哲学史》2004 年第 1 期。

统，以其臆造的基督教的理想主义妄评儒学，断章取义，否定儒家的‘仁爱’的普遍性。”[①]

总体上来说，笔者较为赞同郭齐勇和丁为祥一派的观点。我们应该清醒地认识到儒家的“亲亲”原则与西方的“平等博爱”并非对立。

首先，“亲亲”原则是人性的显现，中西方都认同，因而它具有一种普遍性。从法律上看，正如范忠信先生所说：“通过比较考察，我发现，亲亲相为隐，不仅是中国法律传统中的特有现象，实为中西法文化的共同特征之一。我认为，中西法传统的这一共性，可能反映了不同国家民族在解决人类社会无法回避矛盾问题时不得不采取的共同选择，可能有着某种意义上的追求‘社会自治’的意味。”[②]其实，让亲人从亲人的证人席上走开，是符合人性、人道的，因而“亲亲互隐”最具有普遍性。从哲学的角度来看，孔子与苏格拉底、亚里士多德、柏拉图以及黑格尔等哲学家在“亲亲互隐”问题上有着惊人的相似性。[③]从宗教的角度来看，基督教文化的家庭伦理、血缘亲情崇高神圣、不可让渡与剥夺，这与儒家伦理原则也十分类似。对此，徐长福先生曾列举过《圣经》中关于“差等之爱”的几个事例，并对此问题加以说明。[④]

其次，儒家的“亲亲”原则是建立在“人之自然平等”的基础之上，并按照“亲亲”、“爱人”和“及物”的路径展开，最终达到“天人合一”的博爱境界；而西方的“平等博爱”则是建立在“人之价值平等”的基础之上的。可见，它们是在不同层面进行立论的，不能把它们混为一谈或对立起来。它们也许像朱熹所说的“人”之概念那样，在初级阶段它们之间存在着张力，在人处于最高境界和最高层次时走向一致或融合，它们是相互协调的。

当然，我们也应该清醒地知道，孟旦对“等差之爱”的欣赏并不等于完

---

① 郭齐勇主编：《儒家伦理争鸣集：以“亲亲互隐”为中心》，湖北教育出版社 2004 年版，第 3 页。

② 范忠信：《中西法律传统中的“亲亲相为隐”》，《中国社会科学》1997 年第 3 期。

③ ［美］孙霄舫：《其父攘节 ——孔子与苏格拉底》；［德］欧文·威科特著，刘军平译：《儿子能指控父亲吗？——孔子与柏拉图是如何看待儿子指控父亲的行为》，载国际儒学联合会编：《国际儒学研究》第 10 辑，国际文化出版公司 2000 年版。转引自郭齐勇主编：《儒家伦理争鸣集：以“亲亲互隐”为中心》，湖北教育出版社 2004 年版，第 762 ~ 776 页。

④ 徐长福：《差等之爱与平等之爱：对儒家、墨家、基督教有关爱的观念的一个比较》，加拿大《维真学刊》2002 年第 2 期。

全接受。他认为，朱熹是在追求一种由"家庭形象"所比喻的"等差之爱"与由"小溪形象"所比喻的"人人平等"之间的协调，其实"等差之爱"只是人性中的一颗种子而不是全部。

（三）象喻：镜子、身体、植物和园丁形象

关于"亲亲"原则与"利他主义"原则之间的矛盾，朱熹除了用"家庭"形象和"小溪"形象来比喻"等差之爱"与"人人平等"之间的矛盾和协调外，他还用镜子、身体、植物和园丁等形象来加以说明。经研究，孟旦认为，朱熹的"镜子"形象与"身体"形象，可分别用来比喻内在的知识（Internal Knowledge）和外在的体现（External Embodiment），它们是为了在家庭义务和公众义务之间的鸿沟上搭建一座桥梁，以解决儒家"人"之概念中"亲亲"原则与"利他主义"原则之间的矛盾，并为之奠定了认识论基础。有了这个认识论基础，朱熹便在人性论层次上，用"植物"形象和"园丁"形象分别比喻"修身"（Self-cultivation）与"培养他人"（the Cultivation of Others），以解决"亲亲"原则与"利他主义"原则之间的矛盾。

因此，《宋代的人性形象》一书可分两个层次来阅读：在认识论层次上，朱熹主张积极参与实践的价值观，并提供了一种方法来解决"心物分离"的问题，即通过积极的实践在"心物"之间建立了密切的联系；在人性论层次上，朱熹的认识论理论调和了"家庭之爱"与"利他主义"之间的矛盾。朱熹运用了"光源"（镜子、灯）和"身体"两种结构性形象来达到该认识论层次的目的，并运用认知和移情的方法，来解决人性论层次上的相互矛盾之"爱"的对象问题，在"家庭义务"和"公众义务"之间的鸿沟上搭建了一座桥梁。①

在认识论层次上，孟旦认为：朱熹首先指出认知者与客观事物（即主观与客观）是相互依赖的。因为朱熹认为每个个体之"心"都先天具有客观事物之"理"，而"理"也分别呈现在外在事物之中。"理"构成一个完美的整体，在这个整体中，所有事物都是由不同等级的、相互渗透的、有机的关系联系在一起的。"主"与"客"之"理"虽有不同，但彼此相似；"心"

① Donald J. Munro, *Images of Human Nature: A Sung Portrait*, Princeton: Princeton University Press, 1988, pp. 75–76.

与“物”由共有之“理”相联结。“心”中之“理”的作用，可用“光”的形象来加以说明。“光”作为“源”，“心”即为“镜子”或“灯”，“理”为“源”且比喻为“光”。在“心”中，“理”是自明的，且能照出它们的客观对应物。①

由上可见，朱熹既指出了主观与客观是相互依赖的，同时，他也承认“物我”之区别、“物我”之分离。如果“物我”不分，那么个体就不必“格物”和“即物”了。但是，这种“理”与“心”的分离并非势不两立，而是相互联系的，朱熹坚持“心”与“物”的区分不必引向精神的分离。对待分离的对策是“知识”与“情感”联结，“知识”揭示客观事物之“理”的内容，并与“主我”之“理”相一致、相联结，“情感”再去稳固这种联结。②可见，朱熹巧妙地运用“镜子”和“身体”两种结构性形象，在主客之间的鸿沟上架起了一座桥梁；它们也提供了一种心理的促进，促进人们既履行家庭义务又履行社会义务。这样，“镜子”和“身体”两种结构性形象既表达了主客不同、主客二分，也表达了主客之间的相互依赖、相互作用，即主客统一。③

朱熹设想，“心”也是一种“光源”，就如“镜子”或“灯”一样，他还认为，“心”中之“理”或“仁”就像镜子的光明一样，镜子总是自明的，它有时失去光明只是因为它的光芒受到了遮挡。④“人性如一团火，煨在灰里，拨开便明。”⑤也就是说，“心”不是一个消极的接受者，它是自明的；圣人之心是远离自私自利的，是公正的、恰当的，是没有偏见的。朱熹也许没有直接陈述内在之光能够照耀外在于它的“理”；但是，镜子形象解释了内在之光是怎样照亮事物之“理”的，这种形象的使用也为认知的过程获得了一种合法性的推论。也就是说，“镜心”既能照出外物之“理”，同时又能

① Donald J. Munro, *Images of Human Nature: A Sung Portrait*, Princeton: Princeton University Press, 1988, pp. 78 - 79.

② Donald J. Munro, *Images of Human Nature: A Sung Portrait*, Princeton: Princeton University Press, 1988, p. 79.

③ Donald J. Munro, *Images of Human Nature: A Sung Portrait*, Princeton: Princeton University Press, 1988, p. 81.

④ Donald J. Munro, *Images of Human Nature: A Sung Portrait*, Princeton: Princeton University Press, 1988, p. 81.

⑤（宋）黎靖德编：《朱子语类》卷四，岳麓书社1996年版，第69页。

在心中产生一个同等明亮的反射之像。“心”中所成之像是与客观事物之“理”相一致的，且能使主观之“理”更加明亮。当然，朱熹也认为，“心”要保持一种“空”的状态，即没有自私、没有偏见的先前形象。当“心”如镜（本为净）时，它才能够真实地反射出事物；如果有先前之像存在于“心”中，那么当一些新的事件出现时，“心”就会带有偏见，也就不能采用恰当的情感，这时我们就要花时间去清洗“心”中的灰尘了。[①]正如朱熹所说：“学者不可只管守从前所见，须除了，方见新意。如去了浊水，然后清者出焉。”[②]所以，“看文字”，“要虚心”，方可“濯去旧闻，以来新见”[③]。

朱熹的认识可分为两个阶段：第一个阶段是“格物”，即人可以由观察自然物而“格物”，由参加社会和伦理活动而去“格”社会、“格”伦理。但是，用这种方法学到的东西有一定的限制，一些个体或事物之“理”是不能用这种方法获得的。这一认识阶段可通过“光”之形象来加以说明，如“心”中之“光”首先照亮外在事物之“理”，然后再返回来，这样“心”中之“光”使它的对应物之“理”（即主观之“理”）或“镜像”在“心”中变得更加明亮起来。

第二个阶段是“致知”，是内外统一、心物一致的阶段。这一阶段若从宇宙论层次上说，即当“心”中之“光”使它的主观之“理”或“镜像”在“心”中变得更加明亮起来的时候，便去揭示此主观之“理”与其他内在之“理”的关系，去揭示个体事物怎样与已知的他物之间的联系，使所有知识成为一个完美的整体。也就是说，从对个别的把握上升到对整体的把握，这时便达到我们所说的“内外统一”和“心物一致”。若从现实层次上说，具体事物之“理”的知识与有关社会角色义务的先天道德原则联系在一起。[④]可见，这种知识是“事实与价值”的混淆，同时也是一种等级制的知识。在中国，使伦理规则细致化的完美知识，要比对客观事物的具体描述性知识更

---

① Donald J. Munro, *Images of Human Nature: A Sung Portrait*, Princeton: Princeton University Press, 1988, pp. 83-85.

② （宋）黎靖德编：《朱子语类》卷十一，岳麓书社 1996 年版，第 166 页。

③ （宋）黎靖德编：《朱子语类》卷十一，岳麓书社 1996 年版，第 162 页。

④ Donald J. Munro, *Images of Human Nature: A Sung Portrait*, Princeton: Princeton University Press, 1988, pp. 87-88.

受欢迎。[1]例如，“如何种植玉米”为外在知识，即外在事物之“理”，种植玉米的目的是为了赡养老人，这便是内在知识或内在道德原则。只有合并这两种知识，才能使知识得以扩展，内外统一。[2]

“格物”与“致知”，能使内外统一、心物一致，这些都体现在朱熹的“体”之形象以及移情的认识论中。孟旦说，朱熹承认，即使自身含有“光源”的“心”之像在其探求“物我统一”的方式上起着十分重要的作用，可是仅仅由此“心”之像来解释认知还是不够的。这是因为，从整体上看，朱熹设想的认知经验也会深深地影响着“全我”（Entire Self）。于是，朱熹就用一个辅助的像——体，去扩展其认知概念的范围。

“体”作为动词时，意味着使外物成为身体的一部分或“自我”的一部分，这实际上是一种“移情”的方法。一名出色的研究者将以其“身”与“心”一同去理解万物，即以其整个“自我”去理解事物。朱熹认为，只有将“理”表现在个体的行动中，个体才算真正地理解了它们。“体”（Embodiment）也意味着提供给某人的身体以“骨子”或框架，抽象概念能以一具体形式去影响某人的“全我”。然而，当责任成为“自我”的一部分时，“体”便对行动有着强烈的暗示，即“体”既包含情感又包含实际行动。[3]例如，次要于“体”形象的是“吃”之像，它描绘了从客体那吸收知识的过程，就像“吃”有益于转化物质营养，使之成为身体的一部分一样。因此，实践能使一个人将身外之物最终转化为自身的一部分。如果我们拥有一盘水果，而不去吃它们，我们就不会知道水果的滋味，所以我们应该品尝它们，然后才能认识水果的滋味。[4]

孟旦认为，西方理性主义者与朱熹的看法不同，他们继承了笛卡儿的传统，其中心议题是现象与现实之间的联系，也是关于“理念”与“外物”之间是否一致的问题。他们很好地沟通了上帝与人，却在人与物之间划出了一

---

① Donald J. Munro, *Images of Human Nature: A Sung Portrait*, Princeton: Princeton University Press, 1988, p. 89.

② Donald J. Munro, *Images of Human Nature: A Sung Portrait*, Princeton: Princeton University Press, 1988, p. 90.

③ Donald J. Munro, *Images of Human Nature: A Sung Portrait*, Princeton: Princeton University Press, 1988, p. 97.

④ Donald J. Munro, *Images of Human Nature: A Sung Portrait*, Princeton: Princeton University Press, 1988, p. 98.

道鸿沟。而朱熹关注的中心议题是人不能同周围的环境和社会相分离，以及人如何达到同外物的移情统一，即"物我统一"。他利用"镜子"形象和"身体"形象，在主客之间架起了一座桥梁，消除了"人"与"物"之间的鸿沟。

西方理性主义者在认识论上将主客二分，同时主张在伦理道德上主客也是不能相容的，即主客二分的思想直接影响了人们的心理，使个体的情感与实践同自然界相分离。而朱熹认为任何鼓励"物我"分离的理论都是危险的，因为该理论会危及社会稳定的精神支柱，所以他呼吁人们远离自然界对万物直接哺育的活动（这种哺育活动是为确保人与自然过程的一致性）。孟旦认为，朱熹的认识论有利于反对任何恫吓社会稳定或哺育活动的认知。①

西方理性主义者的伦理观是人与上帝的统一。而朱熹像19世纪初的西方浪漫主义者一样，努力尊重主观真理和现象界的东西，努力做到让每颗心都学会如何做到有利于世界的生命和活动，也就是说，朱熹赞成的是"物我"的统一，而不是人与上帝的统一。②

由此可见，朱熹的认识论与西方的认识论差别很大。朱熹的认识论是一种"体"、一种"移情"的认识方法，它说明了"内外统一"、"心物一致"的现象。正是这种认识论基础提供了调和"家庭之爱"与"利他主义"之间的矛盾的可能性，也提供了一种心理的促进，即促进人们既履行家庭义务又履行社会义务。

当然，在家庭义务和公众义务之间的鸿沟上搭建桥梁，需要认识论的基础，但这与完成搭建工作的能力是不同的。也就是说，朱熹虽然有了认知和移情的方法，但是他怎样将这种认知和移情的方法运用在实践之中，使个体在成长过程中完成从家庭义务到公众义务的转化呢？③

对此，孟旦进行了认真的研究。从人性论层次上看，朱熹认为，人在成长过程中需要"培养"。那么，"培养"是指什么呢？他说，"培养"首先应

---

① Donald J. Munro, *Images of Human Nature: A Sung Portrait*, Princeton: Princeton University Press, 1988, p. 109.

② Donald J. Munro, *Images of Human Nature: A Sung Portrait*, Princeton: Princeton University Press, 1988, p. 109.

③ Donald J. Munro, *Images of Human Nature: A Sung Portrait*, Princeton: Princeton University Press, 1988, p. 123.

该指向个体自己的心，接着再从自己的心扩展到他人之心；首先开始于家庭成员，接着是家庭之外的人员，再扩展到爱万物，即“亲亲”、“爱人”及“仁爱万物”。[①]可见，朱熹的“植物”形象，为自我实现或无限生长的价值观提供了证明和判断。正如朱熹自己所说：“仁是根，恻隐是萌芽。‘亲亲’、‘仁民’、‘爱物’，便是推广到枝叶处。”[②]可见，这个喻象引导那些接受“植物”形象理论的读者，去接受一种新的价值观，即生长和养育的完满性。

孟旦说，“太极”（the Great Ultimate）是万物运动方式隐藏的源泉，如果没有太极的本性和命令的指引，运动就会显得十分抽象和模糊。于是，需要有一种解释性的结构形象，来说明此抽象的理论。恰好，“植物”形象能使对运动的抽象过程的解释变得具体化。例如，用树去描绘“藏”与“显”，当生长与再生之活动仍存在于冬天的种子里时，当蓓蕾还处于睡眠之中时，这便是“藏”；种子在春天发芽，接着长出枝、叶和花，这些被揭露出来的东西便是“显”。可见，根是“藏”、枝是“显”，根当然也是树完成它自身的“性”。“太极”就像一棵正在向上成长的大树，生发出枝、叶和花，这是一个无休止的生命再造过程。[③]

我们可以将这种生命之“理”运用于人类，如利用“植物”形象，在个人层次上，将人的“心”解释为生命之“理”的“种子库”，也将人心作为控制个人发展之“理”的“容器”。在人类这里，“藏”与“显”两组思想，是通过它们各自相关的性质而联结起来的：如“休眠状态”和“藏”对应于“稳定”和“未发”，“发芽”和“显”对应于“活动”和“已发”。[④]可以说，朱熹选择一种“培养”的植物形象去解释他的理论是特别合适的。他没有用一种放任的、野外放养的植物形象去解释其理论，而是用一种受内在之“理”约束的植物形象去解释他的理论。从心理学角度看，朱熹建议读者要

---

① Donald J. Munro, *Images of Human Nature: A Sung Portrait*, Princeton: Princeton University Press, 1988, pp. 112 - 113.

② （宋）黎靖德编：《朱子语类》卷六，岳麓书社 1996 年版，第 107 页。

③ Donald J. Munro, *Images of Human Nature: A Sung Portrait*, Princeton: Princeton University Press, 1988, pp. 117 - 118.

④ Donald J. Munro, *Images of Human Nature: A Sung Portrait*, Princeton: Princeton University Press, 1988, pp. 121 - 122.

服从于"培养"，因为"培养"能为人的成长提供完满性。[1]

"培养"运用于两种不同类型的接受者，一是个体自身作为"修身"（Self-cultivation）的主体，另一个是他人（即指在发展过程中从家庭内扩展到家庭外的那些人）作为"修身"的主体。"培养他人"（the Cultivation of Others）是"自我完满"（Self-completion）的一个必要成分。由"植物"形象所暗示的成长过程使朱熹的理论能够调和有关培养对象（家庭成员与公众）的明显不协调，因而平息了两种潜在的提倡者（利己主义者和利他主义者）之间的矛盾。[2]

孟旦指出，从广义上说，"修身"包括认知、内省和自我约束的过程以及依赖于权威模范的过程；从狭义上说，"修身"是指沉思的实践和精神的集中，使"心"能够直接进入恰当的社会角色之中，去适应任何环境的刺激。"修身"是指实践，通过实践能够使人发现，他作为个体和人类应该是什么，以及他应该如何去适应自然界不断循环变化的过程。朱熹说："今且要读书，须先定其心，使之如止水，如明镜。暗镜如何照物！"[3]也就是说，"修身"是成为圣人的内在要求，通过这种方法使人的心灵之镜得以磨亮，以至镜子的"光"能够投射出去，并能够照出事物来。孟旦说，构成朱熹"修身"理论的有五个要素：作为行动的情感（Feeling as Action）、慎独（Solitude）、道德态度（the Moral Attitude）、去欲（Weeding out Desires）和无限生长（Endless Growth）。[4]

以上是把个体自身作为"修身"的主体加以介绍，那么，孟旦又如何将"他人"（即在发展过程中从家庭内扩展到家庭外的那些人）作为"修身"的主体来加以介绍呢？"培养他人"是"自我完满"的一个必要成分。很明显，"理"也表现为"生命"的种子，所有的人和生物都需要培养，也确实值得培养。对个体来说，高尚之事便是墨子所说的"兼爱"和佛家的"爱众生"，

---

① Donald J. Munro, *Images of Human Nature: A Sung Portrait*, Princeton: Princeton University Press, 1988, p. 122.

② Donald J. Munro, *Images of Human Nature: A Sung Portrait*, Princeton: Princeton University Press, 1988, p. 123.

③ （宋）黎靖德编：《朱子语类》卷十一，岳麓书社 1996 年版，第 159 页。

④ Donald J. Munro, *Images of Human Nature: A Sung Portrait*, Princeton: Princeton University Press, 1988, pp. 123 - 124.

这当然需要努力培养方能做到，但是家庭成员首先又有权获得个体的爱和培养的资源。因为人人都平等地拥有“天地之心”，都具有同等的价值，所以应该引导一种普遍的“忠”或关爱，而不是引导一种小范围的或排他主义的“忠”或关爱。这种信念虽没有逻辑的必然性，但是，在朱熹的理论中，平等主义制造了这样一种联结：所有生物都有生命之理，即使这些生物不在同样的优先秩序中，圣人也有义务帮助它们去培养“天地之心”。况且，等级制并不要求排他主义或限制“忠”，在总体上，一个人仍然可以关心他的种族或县城。①

但是，孟旦反对朱熹说的“等级制也不要求排他主义或限制‘忠’”的观点，因为当等级家族观点处于一种十分显著的位置时，如果人们根据这些等级分类来思考问题，那么在他们的优先性中排他主义是可能的。②

朱熹的“植物”形象被运用于个体之“心”以调和“家庭之爱”与“普遍之爱”两种价值观，并为“优先培养”和“普遍培养”腾出一些空间来。在人自身成长的不同阶段，通过处理与其相适合的价值观，以实现“优先培养”和“普遍培养”相协调的这个目标。在发展的早期阶段，个人的努力主要集中于自身和家庭。假设发展继续，那么个体的“培养”能力将扩展到家庭之外，再从他人扩展到他物。随着恰当的“培养”，个人之心也许会不断进步、不断发展：从家庭之爱扩展到对他人之爱再扩展到对他物之爱。当然，当一个人自己的心被合适地“培养”起来时，他便可去“培养”他人和他物了。就如树的生长过程一样，有了根方有干，有了干方有枝，有了枝方有叶，有了叶方有花与果等。就如朱熹所说：“仁是根，恻隐是萌芽。‘亲亲’、‘仁民’、‘爱物’，便是推广到枝叶处。”③

这样，朱熹认为，通过“植物”形象很好地化解了“修身”与“培养他人”、“家庭之爱”与“公众之爱”以及“家庭义务”与“社会义务”之间的矛盾。

但是，孟旦仍然质疑朱熹：尽管个体能有向外扩展的关爱，可他必须不

---

① Donald J. Munro, *Images of Human Nature: A Sung Portrait*, Princeton: Princeton University Press, 1988, p. 138.

② Donald J. Munro, *Images of Human Nature: A Sung Portrait*, Princeton: Princeton University Press, 1988, p. 138.

③（宋）黎靖德编：《朱子语类》卷六，岳麓书社 1996 年版，第 107 页。

断地按其不同的社会角色内容去做，这个社会角色是他无法超越的。[①]同时，孟旦也认为，朱熹的利他主义理论所呈现的东西，实际上已远离了大多数人的实际环境，结果家庭角色作用在现实中占据了主导地位，使"利他主义"成了空中楼阁。孟旦推断，朱熹的读者是少数的君子、官员和文人（不包括女人和文字能力低的人），对他的读者来说，"培养他人"更多的是培养他们自己的"性"，而不是作为一种在所有人被赋予的权利中产生的义务，所以这种"利他主义"实际上是一种现实不平等的理论。[②]

笔者认为，孟旦针对朱熹哲学的这些弱点，指出了家庭之爱与家庭之外的普遍之爱看起来有冲突，但实际上这两种爱的种子或可能性都包含在自然人性之中。孟旦在《一种证明伦理规则的现代方式：约翰·斯图亚特·穆勒、孟子和当代生物学》一文中，表达了他想利用进化生物学、比较人类学及其他社会科学的研究成果来证明人类的基因中不仅有利己主义的种子，也有互惠的利他主义的种子，从而用经验科学的发现支持儒家的传统观念，为化解传统儒学的内在矛盾提出了一个新的理论和新的方法。[③]

（四）儒家人论矛盾之二："权威的导师"与"自得"

儒家"人"之概念的第二组矛盾——"权威的导师"（Authoritarian Teachers）与"自得"（Personal Discovery）之间的矛盾，也就是以强调服从外在经典文献、权威为一极与以强调自我修养、道德上的提升为另一极的矛盾。孟旦认为，朱熹并没有意识到"自我发现的道德直觉"与"外在的权威"两个主题之间的矛盾，只是现代分析者将其称为相对的两方面。在传统的儒家看来，这个矛盾便是内在的道德命令（如"义"、"良知"等）和外在行为规则的"归"（即"复礼"）之间的矛盾。[④]

---

① Donald J. Munro, *Images of Human Nature: A Sung Portrait*, Princeton: Princeton University Press, 1988, pp. 138 – 139.

② Donald J. Munro, *Images of Human Nature: A Sung Portrait*, Princeton: Princeton University Press, 1988, p. 145.

③ ［美］孟旦著，安延明译：《一种证明伦理规则的现代方式：约翰·斯图亚特·穆勒、孟子和当代生物学》，载哈佛燕京学社、三联书店主编：《儒家与自由主义》，三联书店 2001 年版，第 201 ~ 212 页。

④ Donald J. Munro, *Images of Human Nature: A Sung Portrait*, Princeton: Princeton University Press, 1988, p. 154.

孟旦是从哲学的角度去澄清朱熹作品中的权威线索，而不是从历史的角度去梳理权威人物的功绩，所以他要借助于“政治形象”（the Political Image）来对该问题加以说明。他说，政治形象分为“统治者”（Ruler）形象与“被统治者”（Ruled）形象。“统治者”形象即“道心”，是天理的意识或最初的本性意识；而“被统治者”形象即“人心”，是欲望的意识。[①]在朱熹的哲学体系中，“一心”可分为两个方面，其中“道心”能够或者说应该统治着身体的欲望、感觉和所有被叫做“人心”的情感。当然，我们也可以运用“政治形象”去解释“理”之认知与“欲望”之认知之间的关系，也可把它们分别表述为统治者与被统治者、主与客或将军与士兵之间的关系等。[②]

孟旦认为，所有人都有“道心”，“道心”是人们内在的导师；然而，“水”之形象和“光”之形象已经十分明显地断定：大多数人的“心”是混沌的、乌云密布的或受灰尘覆盖的，他们还没有清晰地认知到他们内在的导师。每个人的“自我培养”便是要使其“道心”能够被个体获得的这样一个渐进的过程。由上观之，结论便很明显，在内在导师清晰之前，个体还必须寻找一个外在权威，即外在的帝王、经典的文献或儒家教师等。如果“心”是清晰的，那么那些外在权威所教授的东西与内在导师所揭示的东西便是一致的；反之，如果“心”是混沌的，那么那些外在权威所教授的东西与内在导师所揭示的东西就有可能会不一致。也就是说，如果某人的“心”还需要被征服和转变，那么这个人必须首先回到礼之原则（即“复礼”）。而外在的那些教义包含了在礼之原则基础上的“理”，所以权威的教义将成为培养人的必需之物。[③]

孟旦认为，朱熹的一大创新在于：先秦儒家是将外在天之权威最终转化为内在之物，而朱熹是将内在之物最终为大多数人所知道而外在化，使外在权威合法化。因此，在形式上朱熹的教义包含有一个相反过程的判断，即一个大多数人所需要的精神导师的重新外在化。当然，朱熹也说“内在君主”

---

① Donald J. Munro, *Images of Human Nature: A Sung Portrait*, Princeton: Princeton University Press, 1988, p. 145.

② Donald J. Munro, *Images of Human Nature: A Sung Portrait*, Princeton: Princeton University Press, 1988, p. 145.

③ Donald J. Munro, *Images of Human Nature: A Sung Portrait*, Princeton: Princeton University Press, 1988, p. 154.

（即“道心”或先天道德倾向）仍然存在，这种外在权威和理由一直会持续到内在统治者变得清晰为止。[1] 朱熹说：“盖圣贤说出，道理都在里，必学乎此，而后可以有得。……若终始典于学，则其德不知不觉自进也。”[2]

那么，朱熹将哪些东西作为外在权威呢？对此，孟旦作了仔细的研究：

首先，朱熹将经典文献作为外在权威之一。朱熹认为经典文献包括四书（即《论语》、《孟子》、《中庸》和《大学》）以及一些关于“礼”的作品如《礼记》等。朱熹说：“盖人生道理合下完具，所以要读书者，盖是未曾经历见许多。圣人是经历见得许多，所以写在册上与人看。而今读书，只是要见得许多道理。及理会得了，又皆是自家合下元有底，不是外面旋添得来。”[3] 也就是说，“经典”可恰当地被作为权威，这是因为它们包含了历朝历代圣人们的教义。在阅读圣人和名人之作的时候，我们便可掌握他们的思想，并能够认知自然之理。圣人与名人模仿自然，而读者又模仿文献中包含着圣人和名人思想的行为，这样便能间接地认知自然之理，能按“礼”行事，最终达到与内在道德命令的一致。[4]

孟旦说，朱熹不鼓励研究者去持续地篡改文献段落的传统解释，一般的人最好是按照外在权威的要求和指导去做，不要在“心”未纯洁之前随意修改文献中的条文。如果该研究者完全冒险地进行他自己的解释，那么他也许会失去“天理”，很有可能会陷进一种追求人类欲望的自私之中。因此，朱熹说：“本心陷溺之久，义理浸灌未透，且宜读书穷理。常不间断，则物欲之心自不能胜，而本心之义理自安且固矣。”[5]

但是，孟旦本人反对这种看法，认为朱熹所提供的文献权威也许会阻碍个体对文献陈述的解释和判断，进而权威就成了“自我发现”的“障碍”。而且经典文献不是简单的“自明”工具，它也许会成为人的内在价值和人所要尊敬的目标，所以个体也许会养成一种过分依赖外在权威的毛病，这样会

---

① Donald J. Munro, *Images of Human Nature: A Sung Portrait*, Princeton: Princeton University Press, 1988, p. 163.

② （宋）黎靖德编：《朱子语类》卷九，岳麓书社 1996 年版，第 138 页。

③ （宋）黎靖德编：《朱子语类》卷十，岳麓书社 1996 年版，第 145 页。

④ Donald J. Munro, *Images of Human Nature: A Sung Portrait*, Princeton: Princeton University Press, 1988, p. 163.

⑤ （宋）黎靖德编：《朱子语类》卷十一，岳麓书社 1996 年版，第 158 页。

扼杀人的创造性和个性。[①]

其次，个体除了通过对文献的学习来“明心”之外，还要关注其他“权威”——“帝王”。孟旦说，朱熹相信在人们的心灵转化过程中，“帝王之心”起到十分关键的作用，即使在实际生活中他也经常批评在位的皇帝。[②]世上所有的人都不敢顺着自己的私欲，因为这样可能会误入歧途，所以他们遵守由帝王发动的转化，以期回归到最高标准（即“礼”）的规范。也就是说，统治者是最高标准的模范，他有资格对他的下属发布命令。帝王将这些最高标准作为永恒的东西，并将其教授给所有人。当然，这些东西体现了“天理”，也与至高无上的君主命令并无二致。这样，通过帝王的诏令，帝王便能传达恰当的制度理念给人民，通过制度的学习有利于转化人民。圣王的制度要么显示在帝王的诏令中，要么显示在学派的文献中。若从朱熹的立场来看，统治者要么是类似于圣人的前汉时代的统治者，要么是当代的实际帝王。[③]

圣王之“心”被反映在行为的“礼”之制度中，这些“礼”又是这些圣王所陈述的，所以这些圣王之“心”便与宇宙等级自然方式相一致（因为儒家声称“礼”是一种社会秩序的体现，所以“礼”与宇宙等级自然方式相一致）。现实统治者通过仿效早期圣王之心，在宣传制度时，他们自身就变成了类似于圣人的皇帝，而且他们所宣传的制度也获得了合法性。当人们自己的“心”清晰地认知到构成最初本性的“理”的时候，人们将能发现由一些似圣人的统治者或权威者所使用的同样标准，而人们也将服从于这些权威。朱熹说，当今的人们有着多样化的动机，帝王具有统一多样化动机的作用（即确保人们不要顺着私人动机而动），那些动机应该一致于“天理”。[④]

然而，孟旦认为，朱熹的这种外在权威有着朱熹本人也没有意识到的缺陷，现实中这种外在权威下统治者会存在两种可能性：第一种可能性是在一

---

① Donald J. Munro, *Images of Human Nature*: *A Sung Portrait*, Princeton: Princeton University Press, 1988, p. 164.

② Donald J. Munro, *Images of Human Nature*: *A Sung Portrait*, Princeton: Princeton University Press, 1988, p. 165.

③ Donald J. Munro, *Images of Human Nature*: *A Sung Portrait*, Princeton: Princeton University Press, 1988, p. 166.

④ Donald J. Munro, *Images of Human Nature*: *A Sung Portrait*, Princeton: Princeton University Press, 1988, p. 167.

些复杂的伦理条件下，贬低日常人的道德感的重要性；第二种可能性是自我声称自己的道德合法性，或者自我描绘自己是对圣王之“心”的恰当模仿，并在此基础上去控制其他人。①

笔者认为，孟旦的分析是正确的，因为以儒家为代表的中国哲学常忽视对“自我”的塑造，忽视对人的个性化的塑造。他们认为，每个人的“心”都需要一个精神导师，当大臣们或平民们的“心”被蒙蔽的时候，外在精神导师便可合法地采取措施，去完成人们自身不能完成的培养过程。类似圣人的统治者便恰当地承担了这个任务，如果假定所有的纯净之“心”都能显示同样之理，那么统治者的“心”所显示的东西将会与人们的“心”（如果这些“心”是纯净的）将要显示的东西相同。如果这样，古代中国就不需要人人有头脑，只要一个圣人或帝王有头脑就够了，不是吗？在现实中，朱熹的那种圣贤治国的浪漫理想换来的是统治者对人民的压制和专制，为统治者提供了任意控制人民的合法性，却没有给人民带来任何好处，稍微懂一点明清历史的人都能理解这一点。

再次，孟旦认为“真儒”也是朱熹所说的外在权威之一。朱熹说：“师友之功，但能示之于始而正之于终尔。若中间三十分工夫，自用吃力去做。既有以喻之于始，又自勉之于中，又其后得人商量是正之，则所益厚矣。不尔，则亦何补于事。”② 由此可见朱熹对“师友之功”的重视。同时，朱熹常批评帝王的阅读习惯（如喜欢阅读佛教、道教和诗人的书）、对外政策（如对待辽国的态度）、在某些方面保护亲王的利益的做法、缺乏对父亲的孝、不重视典礼祭祀以及奢侈的生活方式等。因此，朱熹更加相信个体儒家的严格权威，相信师友之功。“真儒”是可以用传统术语“君子”来表达的一些当代人，“君子”是已经获得超越他人的道德优越性的人，他应该受到模仿。正如孔子所说：“君子之德风，小人之德草，草上之风必偃。”③可见，在儒家面前，朱熹把人们想象成风前的草，如草折服于风一般，人也折服于儒家，人们对儒家的崇拜和信服是自然而然的。

以上是朱熹所说的几种外在权威，那么他是如何看待“权威的导师”与

---

① Donald J. Munro, *Images of Human Nature: A Sung Portrait*, Princeton: Princeton University Press, 1988, p. 168.

② （宋）黎靖德编：《朱子语类》卷八，岳麓书社 1996 年版，第 132 页。

③ 《论语·颜渊》。

"自得"之间以及外在权威与内在的先天道德感之间的矛盾的呢?

孟旦认为，朱熹的观点是：平常之人最好完全忽视在主观标准基础上的选择，应该去遵守客观的规则（一个现代的评论者也许会加上一点，即依赖于自己的标准可能是危险的）。朱熹说，"看书，不可将自己所见硬参于去。须是除了自己所见，看他册子上古人意思如何"。又说，"看文字，且依本句，不要添字"。[1]只有圣人才敢于在这种情况下行使"权"，并冒险选择活动的路线——这条路线相反于"经"中无创意的统一"法典"，相反于权威的意见和客观的规则。只有圣人才有这个能力，平常人只能按"法典"去做，若去改变"法典"则是危险的。[2] 平常人只有在除去心灵的障碍，使先天的直觉变得清晰之后，才能依靠自己的直觉和先天道德感。而在障碍被清除之前，个体都需要外在权威。因此，朱熹是想通过人们在不同阶段依赖不同的标准，以及常人与圣人各自对待经典的不同态度，来实现对以上矛盾的调和。也就是说，外在权威与内在的先天道德感之间并不是对立的矛盾，而是不同阶段、不同人物所采取的相应态度而已。

孟旦还分析说，具有讽刺意味的是，向来信仰孟子学派的先天道德原则的朱熹，提倡在任何复杂的情况下人们都应该按"经"上说的去做，而不是遵循他们自己的直觉和先天道德感。也就是说，一般的人在其直觉未达到足够清晰和足够可靠之前，人们必须持续地"格"大量的物，拆除更多的心灵障碍，擦亮心镜；而不能过快地去依赖那些有问题和十分危险的直觉。[3]朱熹认为，只有在没有客观规则的地方或者在由道德感（"义"）所揭示的直觉内容与由客观权威（文献、帝王和真儒等）所揭示的内容一样的时候，才能坚持道德直觉主义的立场。总之，就常人的日常生活而言，伦理的焦点要么是除去自私的思想，使自己持恰当的态度，要么是遵守外在权威。这外在权威是可以同内在的精神导师共存的。个体主要关心的是除去心灵的障碍，使先天的直觉变得清晰，而不是在知识和理性的基础上去作出自由选择。通常在

① （宋）黎靖德编：《朱子语类》卷十一，岳麓书社 1996 年版，第 165 页。

② Donald J. Munro, *Images of Human Nature: A Sung Portrait*, Princeton: Princeton University Press, 1988, p. 178.

③ Donald J. Munro, *Images of Human Nature: A Sung Portrait*, Princeton: Princeton University Press, 1988, p. 169.

障碍被清除之前，个体都需要外在权威。①

但是，孟旦认为，朱熹在处理自我培养与依赖外在权威之间的关系时是有缺陷的。因为朱熹认为这些方法之间没有张力和矛盾，只不过是不同阶段、不同人物所采取的相应态度而已，但他不能引进新的喻象去调和它们。他希望通过自我努力所发现的东西，将与似圣人的统治者、教师和官员所宣传的规则相契合，但又没有指出具体的方法和标准。虽然在朱熹教义中，他倾向于由"权威"的强迫来对"自得"加以平衡。②但是，这两种活动之间可能会产生不相容性，因为朱熹暗示了"心"被遮盖有一个很长的时期，一个人只能够朦胧地意识到他的内在统治者。而在这个时期，他必须模仿并使自己屈从于"理"；当个体生活在不完美的社会中，具有不充分的知识的时候，他必须屈从于那些认识"道"的人（即外在权威）。但是，在朱熹的作品中，没有一致的或清晰的关于"外在权威"的答案，那么他就没有了应该服从的路标。他既指出内在统治者又指出了外在权威，那么什么时候应该顺从哪一个，仍然是含糊的。例如，一个人若信仰外在权威，他就应节俭；若信仰内在统治者，他也许允许一个宽而富裕的活动范围（只要他已经通过"敬"之态度清扫了这些活动即可）。③再如，当帝王的思想与儒家的或经典的思想相抵触的时候，我们应该服从于哪一个权威呢？

笔者试着从陆九渊的立场来回应孟旦对朱熹的批评。其实，关于服从于外在权威还是信仰内在的统治者的困境，陆九渊给出了明确的解答。他说："人孰无心，道不外索，患在戕贼之耳，放失之耳。古人教人，不过存心、养心、求放心。"④也就是说，既然"理"是人心所固有的，充塞宇宙之"理"不过是人心之扩张，那么，他自然"不必他求"，只求于心便可。依陆九渊所见，朱熹的向外之功和依附权威之功完全属于多余，因为一切皆在心中，向外求又有何益？又能求到什么"理"呢？针对朱熹所说的"心"将被

---

① Donald J. Munro, *Images of Human Nature: A Sung Portrait*, Princeton: Princeton University Press, 1988, p. 180.

② Donald J. Munro, *Images of Human Nature: A Sung Portrait*, Princeton: Princeton University Press, 1988, pp. 153 - 154

③ Donald J. Munro, *Images of Human Nature: A Sung Portrait*, Princeton: Princeton University Press, 1988, pp. 190 - 191.

④ （宋）陆九渊：《与舒西羊》，《陆九渊集》卷五。

遮盖一段很长的时间，期间必然要遵循外在权威，必然要依附于外在的帝王和导师，陆九渊对此也作出了反驳：“念虑之不正者，顷刻而知之，即可以正。”[①]他还指出：“悟则可以立改。”[②]也就是说，人由蒙蔽到清醒，“心”由被灰尘污染到纯净是瞬间之事，不需要长期的过程，这样就不再需要一个外在权威来干扰了。

朱熹要求人们遵循圣贤之言、帝王之语，殊不知当他们之间也发生冲突时，该听谁的呢？其实还是要靠自己去判断。因此，陆九渊不强调读书，不赞成逐字逐句去拆解“六经”等儒学经典，不重外在权威。他认为，重要的是先发明人之“本心”，“本心”既发则万事、万理皆备，不需外求。因此，他说：“善之未明，知之未至，而循诵习传，阴储密积，廑身以从事，喻诸登山而陷谷，愈入而愈深，适越而北辕，愈骛而愈远。”[③]他又说，“田地不清洁，亦读书不得，若读书，则是假寇兵，资盗粮。”[④]也就是说，人们读这些权威文献，也许会读错意思，也许会离“理”越来越远，就像“适越而北辕”，然后“愈骛而愈远”，这样岂不是帮了倒忙？所以一切都在于“本心”，不在于外在权威。“本心”须明，“本心”不明，则读书不得，就如“田地不清洁”，如何种得好庄稼？当然，陆九渊并不是完全抛弃“读书”的，而是认为，“审察”一切的标准不是经典文献这些外在权威，而是“我心”。因此，他认为，只要是合“理”的，即使不是圣人之书，也可以全盘吸收；如果不合乎“理”，即使是圣人之书，也不能完全相信，甚至可以抛弃。因此，他说：“书不可以不信，亦不可以必信。使书而皆合于理，虽非圣人之经，尽取之可也；况乎圣人之经，又安得而不信哉！如皆不合于理，则虽二三策之寡，亦不可得而取之也，又何必信之乎？盖非不信之也，理之所在，不得而必信之也。”[⑤]

陆九渊认为，人应该“自得 、自成、自道 ，不倚师友载籍”，且“自立、自重，不可随人脚跟，学人言语”[⑥]。也就是说，人应该注重“尊德性”，

---

① （宋）陆九渊：《杂著》，《陆九渊集》卷二十二。

② （宋）陆九渊：《删定官轮对札子》，《陆九渊集》卷一十八。

③ （宋）陆九渊：《与胡季随》，《陆九渊集》卷一。

④ （宋）陆九渊：《陆九渊集》卷三十五。

⑤ （宋）陆九渊：《取二三策而已矣》，《陆九渊集》卷三十二。

⑥ （宋）陆九渊：《陆九渊集》卷三十五。

而不是"道问学";人之成圣在于自己的"自得"、"自立"和"自重",而不在于外在的帮助和指导,不在于"随人脚跟"、"学人言语"。所以说,陆九渊与朱熹的路径截然不同。可以说,孟旦先生指出朱子思想的缺陷,他提出的疑问能在陆九渊处找到另一条解决问题的路径。但是,这并不等于说,陆九渊的观点就是对的。其实,陆九渊的理论也有"简单"之嫌。

在讲述朱子如何处理"内在的统治者"与"外在权威"之间的关系时,陈荣捷先生提出了与孟旦先生不同的观点。依陈荣捷先生之见,"两轮"哲学的集大成者是朱熹。"根据朱子的两轮哲学,陈先生认为,朱熹既道而学,又尊德性,并不偏于一方。"[①]也就是说,在朱子心中,"尊德性"和"道问学",正如一辆车子的两个轮子,必须同时具备。

笔者比较赞同陈荣捷先生的观点,认为人既不能像陆九渊那样只"尊德性"而不"道问学",也不能像现代西方学者崇尚的那样只"道问学"而不"尊德性"。"尊德性"和"道问学"之间肯定存在着一种张力,有时甚至相互矛盾,但这是人类在认识事物和思考问题时无法避免的困境。朱熹注意到了"尊德性"和"道问学"两者之间的平衡,并有意识地运用诸多象喻来调和它们之间的矛盾,这已经很了不起了。

笔者认为,孟旦对朱熹的外在权威线索的肯定,是对朱熹理论的公正评价,也是为了反对那些忽略朱熹文献中这条线索的研究者。就连十分重视孟子学和陆王学的牟宗三先生也看到了朱熹的这条线索,只不过他是根据内在于个体本性的最优秀特征的自我发展来描述朱熹教义中的这条线索的,可能正是因为这一点,牟宗三先生才将朱熹列为歧出。另外,日本学者 Okada Takehiko 也认为朱熹关注文献研究要比关注直觉多,并恰当地认识到了朱熹教义中文献研究的地位,但是他没有像孟旦这样给予统治者和教师合法地位。作为后辈的我们,应该充分肯定朱子对外在权威线索的强调,肯定其对中华文明的贡献。现代的人们需要内在的自明、内省,尤其是在信息爆炸的年代,在这个多学科、多领域的年代更需要有外在权威的协助。

---

① 周炽成:《简论陈荣捷对儒学的世界性贡献》,《中国哲学史》1990 年第 4 期。

三、“当代”人论与平等观研究

传统“意识簇”认知方式影响了“当代”中国的政治理念。中国人的思维较笼统模糊，偏直觉与神秘，将价值判断融入事实判断，将情感融入认识，甚至将“有什么思想观点”等同于“有什么行为”。这种思维方式既有符合人性发展之处，也有带来政治灾难或危险的可能。

孟旦既关注古代中国，又关注“当代”中国，即20世纪50至70年代的中国（对于21世纪的读者来说，“当代”中国已不是目前意义上的当代中国，但为了与孟旦的用法一致，以下所说的“当代”中国均指20世纪50至70年代的中国）。他的《“当代”中国人的概念》（*The Concept of Man in Contemporary China*）一书出版于1977年，研究与“当代”中国人性论相关的西方自由式人性论、德国的经典马克思主义人性论和苏联式人性论，重点剖析了“当代”中国的“人性可塑”思想。同时，他也研究了“当代”中国平等观和传统“意识簇”认知方式。“当代”中国将“培养”新人作为“平等”的手段，而西方人则用“平等”来描绘自由民主理想；在“当代”中国，“平等”对待是建立在“成为人民的一员”的基础之上的，而西方人的平等观则来源于上帝的爱；“当代”中国人最重视地位平等，而“当代”西方人则最重视权利平等。他还认为，中国人的思维笼统模糊、直觉而神秘，将价值判断融入事实判断，将情感融入认识，将“有什么思想观点”等同于“有什么行为”。这种思维方式既有符合人性之处，也有带来灾难危险的可能。

（一）“当代”中国“人性可塑”思想研究

1.“当代”中国“人性可塑”思想与西方人论理论的比较

“当代”中国“人性可塑”思想在毛泽东那里表现得尤为突出。毛泽东早在1943年《关于人的基本特性及其他》和《在延安文艺座谈会上的讲话》等文章中，就明确指出人有自然属性、精神属性和社会属性等层次上的差异，而社会属性是其根本特性。

首先，他坚信社会性是人的根本特性，实践使人与猿相区别。他说：“自从人能制造石枪、木棒以从事生产，人才第一次与猴子及其他动物区别开来”，“原始人与猴子的区别只在能否制造工具一点上”[①]。当然，他也承认自然性是人和动物的共同本性，但不是人的根本属性，因为“当作人的特点、特性、特征，只是一个人的社会性——人是社会的动物，自然性、动物性等不是人的特性”[②]。他同时指出，人的精神性虽能区别人与动物，但不能区分人与人，不能产生出人的各种属性并使之得到逐步发展，也不能从根本上使人成为人。他说：“人首先是社会的动物，资产阶级总是强调人的理性（精神），我们不应如此。”人“不是因有较猴子高明的思想才与它们区别开来，这是唯物史观与唯心史观的分水岭”[③]。

其次，他主张人性可塑，提倡“人的全面发展”。他要求通过改革教育、教育与生产劳动相结合以及知识分子与工农群众相结合的方式实现人的全面发展，塑造“真正共产主义者”，塑造“新人”。[④]

最后，他主张阶级性的人性论。1942年，毛泽东在《在延安文艺座谈会上的讲话》中明确提出：“有没有人性这种东西？当然有的。但是只有具体的人性，没有抽象的人性。在阶级社会里就是只有带着阶级性的人性，而没有什么超阶级的人性。”“我们主张无产阶级的人性、人民大众的人性，而地主阶级、资产阶级则主张地主阶级、资产阶级的人性，不过他们口头上不这样说，却说成为唯一的人性。有些小资产阶级知识分子所鼓吹的人性，也是脱离人民大众或反对人民大众的，他们所谓的人性实质上不过是资产阶级的个人主义，因此，在他们的眼中，无产阶级的人性就不合于人性。”[⑤]

笔者认为，中国“当代”人性论思想是一个逻辑缜密的思想体系。既然

---

① 毛泽东：《毛泽东文集》（第3卷），人民出版社1996年版，第81页。

② 毛泽东：《毛泽东文集》（第3卷），人民出版社1996年版，第83页。

③ 毛泽东：《毛泽东文集》（第3卷），人民出版社1996年版，第82页。

④ “新人”是指具有社会主义的先进思想、先进行为的普通人；是模范人物、先进人物、无产阶级英雄人物；是指在改造客观世界中改造自己，为适应生产力发展而创造条件的全面发展的人。

⑤ 毛泽东：《毛泽东选集》（第3卷），人民出版社1991年版，第870页。

人类的根本特性是社会性，而这种社会性只有在实践中才能获得和形成，那么人性完全属于后天“培养”或塑造的，与先天无关，即人性可塑。既然人性可塑，那么如何塑造人性呢？中国人认为，人的社会性只有在实践中才能获得和形成，那么人性的塑造也就必然要放在劳动实践之中，也必然得出塑造“新人”的最好途径是“教育与劳动结合”、“知识分子与工农结合”。既然人性可塑且能在现实中塑造，那么教育、“培养”和“思想改造”在中国就显得尤为重要了。

孟旦为理清中国“当代”人论理论，必须要研究与其相关的西方自由式“人”之概念。西方自由式的人性概念包括两方面重要的内容，即“个人自我”和“人的不可塑性”。

西方的“个人自我”有三个特征，即人是自主的、人的思想中存在着内在的动力以及人的自然性与社会性是相分离的（即个人自我是不受社会和外界干预的纯自我）。孟旦认为，从心理学上讲，信仰的实质通常就是不影响其他人的权利和自由。信仰应该保留信仰者的内在自主，免受外界操纵，也就是说，人的理想状态便是不受任何干涉。自然的人（即与社会分离的人）一出生就被赋予了一种特殊的权利，即他们的追求不受任何社会限制的权利。在这些权利范围内，私人活动场所便免除了外界的干扰。在中国，因为没有类似于西方的教会活动，所以没有构建有关支持“自然权利”的运动，也就没有这种“自然人”的概念。①

西方人认为，每个人的独一无二的先天才能能够在不受社会干扰时养成，这时人的能力不会招致社会的任何干预。人的内在动力的发展，是其真实欲望的展现，在促进社会进步时有十分重要的作用。因此，社会不应该干预个人能力的实现，它们属于人的个性。“隐私权”也作为一种价值与个人的存在密切相关，它能提供一种生活方式，也能提供一种实现内在动力的条件。人的自主虽然不能免除社会的干扰，但是它有审查信仰的能力，能对信仰进行批评和评价。一个自由独立的个体具有选择或拒绝这些信仰的权利，在审查这些信仰的基础上对活动进行选择。这种自主思想与“决定论”思想势不两立，它提倡人的最大欲望就是由自己决定选择的方向和构造自己的信仰，

---

① Donald J. Munro, *The Concept of Man in Contemporary China*, Ann Arbor: University of Michigan Press, 1977, p. 3.

而不是来自于外在的某物。而在中国，这种自主理论从人的高尚品德的概念中建立。有些人将它看作是与自主思想相违背的，"选择"也被看作是与人类高尚品德的分离。①

由此可见，西方的人是自主的、自由的，其个性的发展免受社会和外界的干预，其意识完全由其个人选择，没有任何他物可以对其进行主宰。

孟旦还说，西方人相信"人的不可塑性"，认为人是自私、自尊和利己的，人的智商是不同的，以及人的心灵天生存在着张力——如俄狄浦斯情结和人的攻击本能等。

美国哲学家相信，对人性的可塑性的第一个限制是每种人类活动都受到自私欲望的驱使，人们有自我保护、满足于利己主义的本能，也有着一种自然权利，这种权利允许其采取各种必要的措施去保护自己（如清教徒们、杰斐逊、密尔以及边沁等人都有类似的观点）。②

20 世纪初，对人性的可塑性的第二个限制也被引入。弗洛伊德认为人的性与攻击本能是大多数问题的起源，性与攻击本能构成了一种参数。因为它们不是短暂性的能被改变的特征，所以政治家与教育家必须去做一些工作。政治家与教育家只希望能将性与攻击本能倾向升华为对社会有用的倾向，但不能够排除、消灭这些倾向。学校的教育只能对人的性与攻击本能倾向进行疏导，却不能消除它们。③

美国人更加相信，智商是对人的可接受教育的能力的第三个限制。智商可以用来表达个人的精神年龄与其实际年龄之间的关系。智商的差异是显而易见的，大多数人都认为它是很难在后天加以改变的。对此，杜威也明确指出，对大多数人来说，其可教育性存在着不可改变的限制。

总之，孟旦认为，美国"人"之概念直接与中国"人"之概念的切入角度相矛盾，因为美国人认为自然的人首先不是社会的人，在心灵领域也是个人自我的；在外在环境（特别是教育）能够或者企图完成个性和技能方面的

---

① Donald J. Munro, *The Concept of Man in Contemporary China*, Ann Arbor: University of Michigan Press, 1977, pp. 4-5.

② Donald J. Munro, *The Concept of Man in Contemporary China*, Ann Arbor: University of Michigan Press, 1977, p. 6.

③ Donald J. Munro, *The Concept of Man in Contemporary China*, Ann Arbor: University of Michigan Press, 1977, p. 7.

转化也是有限制的。[①]

孟旦总结了中国“当代”人性论与西方人性论的三个显著分歧。第一，中国哲学家不太重视人生物性的一面，而西方哲学家则将人的生物性如利己主义、自我保护主义等作为自由民主的人性概念之中心词汇。[②]毛泽东认为，人的社会性是说个人没有优先于或独立于一个社会组织成员的情感、目标、兴趣、技能和知识。这些情感、目标、兴趣、技能和知识等倾向都是在社会中形成的。也就是说，人的社会性传达出人的这些倾向，这些倾向在一般情况下会影响其他人，这个事实说明了个人是从其所属的那个团体中获得主要特征的，如人们一定属于某个党、某个阶级或某个民族等。在实际的社会生活范围内，人是作为一个社会的存在而参与其中的，而不是作为一个自然的、生理的或生物的人出现的。第二，在中国“当代”人性论思想中没有信仰上的私人领域，也没有那种能决定人之个性的唯一的、先天的内在力量的存在。中国“当代”人性论思想中有的只是关于信仰、感情和行为复合的心理原则，以及在社会影响下的思想“可塑性”。它以此代替了西方个人主义的特征，代替了西方关于自然之人的自私倾向、智商和攻击本能的断定。第三，“当代”中国在转变人的社会性的过程中，政府的教育作用是十分突出的，而个人的理想和自主则被忽略。然而西方人对此的态度恰恰相反，他们强调的是个人的理想和自主是不允许受外界干扰的，政府的教育作用是有限的。一言以蔽之，西方“人”之概念主张的是人性不可改变，而中国“当代”“人”之概念主张的是人性的可塑性。[③]

通过以上对中国“当代”人论与西方“人”学的比较，孟旦得出了中国“当代”“人”之概念的几个显著特点。首先，中国人拒绝西方原子论式的个人主义，提倡集体主义。其次，“当代”中国人不仅烙上了苏联人的可塑性理论的印记，而且还赋予了精神现象或意识在人的描述中的中心地位，人的思想成为人性的中心环节。再次，中国人主张几乎毫无限制地对人的社会性

---

① Donald J. Munro, *The Concept of Man in Contemporary China*, Ann Arbor: University of Michigan Press, 1977, p. 8.

② Donald J. Munro, *The Concept of Man in Contemporary China*, Ann Arbor: University of Michigan Press, 1977, p. 16.

③ Donald J. Munro, *The Concept of Man in Contemporary China*, Ann Arbor: University of Michigan Press, 1977, p. 25.

进行创造，并同时培养出人的个性特征或技能。就连那些西方人认为是非常重要的、与生俱来的人的特征（如自由等），在中国“人”的概念中也是没有的，这就为广泛地塑造人的个性提供了可能性。①

孟旦紧接着从发生学的路径追问，作为有着悠久传统文化熏染的中国人，作为深受经典马克思主义和苏联时期马克思主义影响的“当代人”，其思想必然与它们有着或多或少的某种天然联系。孟旦沿着这条思路研究发现，中国“人”的思想主要有三个来源，即德国经典马克思主义、苏联时期马克思主义和古典儒家人性学说。

2.“当代”人论与古典儒家人论的渊源

毛泽东曾说：“王阳明也有一些真理。孔孟有一部分真理，全部否定是非历史的看法。”②可见，“当代”中国人十分重视中国传统文化，强调“吸取其精华，剔除其糟粕”，要懂得“扬弃”。事实上，毛泽东本人的很多思想都受到了中国传统文化的影响，其中他的人性论思想就是对中国古典儒家人性论的一次成功“扬弃”。他认为：

第一，孟旦经深入研究发现，中国古代文化中不仅蕴涵着“人具有社会性”的思想，还蕴涵着“人与动物具有共同的自然属性”等思想。

孟旦发现，作为中国古代主流思想的儒家学说，对人的社会性特征有着多方面的描述，如人具有用某种行为方式指向他人的先天倾向性（即将“家庭之爱”推广到对“他人之爱”的“仁”和“善”等），人有对比自己年长的人“敬”的行为倾向，人有形成社会组织的倾向，人有区分“是非”、“宜否”的评价之心，人有独一无二的社会性倾向等。③ 他还列举了孟子的名言加以论证，如“养其小者为小人，养其大者为大人”④ 等。关于这一点，笔者也能找出大量例证，如孔子说：“鸟兽不可与同群，吾非斯人之徒与而谁

---

① Donald J. Munro, *The Concept of Man in Contemporary China*, Ann Arbor: University of Michigan Press, 1977, pp. 23 – 24.

② 毛泽东：《毛泽东文集》（第3卷），人民出版社1996年版，第84页。

③ Donald J. Munro, *The Concept of Man in Contemporary China*, Ann Arbor: University of Michigan Press, 1977, p. 15. 本书对此英文原著有大量的引用，所引文字皆为笔者所译，因为此书目前还没有汉译本，无从借鉴。

④《孟子·告子上》。此处孟旦想说明人的社会性问题，可用此例似乎有些欠妥，因为此句并不是强调社会对人的影响，而是强调不同的人针对人性的不同方面发展所带来的不同结果而已。

与？天下有道，丘不与易也。”[①] 孔子强调，我们人类怎么能离开人群而和鸟兽一起生活呢？我们是人，当然要融入人类社会。孟子也曾说：“人之所以异于禽兽者几希。”“舜……其所异于深山之野人者，几希。”[②] 也许人与动物、人与野人在肉体上并无多大差异，然而人就因有这么一点“几希”，便成为世上的精灵。“几希”乃人之先天道德感，即德性，人只有守住这德性，才能成为名副其实的人。周作人关于人性有段精彩的论述，他说：“一般生物的求生是单纯的，只要能生存便不择手段，只要自己能生存，便不惜危害别个的生存。人则不然，他与生物同样地要求生存，但最初觉得单独不能达到目的，须与别个联络，互相扶助，才能好好地生存，随后又感到别人也与自己同样地有好恶，便设法圆满地相处。前者是生存的方法，动物中也有能够做到的，后者乃是人所独有的生存的道德，古人云人之所以异于禽兽者几希，盖即此也。”[③]

孟旦还指出，儒家也承认个体的人有与动物共享的需要和行为。[④]宋儒朱熹极力反对佛家和道家的“隐居”，认为从社会分离出来的个体是不可能存在的，特别是人不可能脱离家庭而生存。但是，他同时指出人也不能脱离生理上的本质联系，因为所有的人都是由肉体构成的。因此，宋代的儒家认为人由两部分构成：一是社会性，二是情感性。[⑤]在这一点上，“当代”中国人与儒家思想十分相近，他们虽然承认社会性是人的根本属性，但并不排斥人具有自然属性。

笔者赞同孟旦的观点，因为理学家们不仅反对佛家将人与社会隔离、反对人为地隔断人与人之间的社会关系，而且也承认人与生物在自然属性上有共同之处。如朱熹反对佛家将人与社会隔离，他说：“若夫释氏，则自其因地之初而与此理已背驰矣，乃欲其所见之不差所行之不缪，则岂可得哉？……是以叛君亲、弃妻子、入山林、捐躯命，以求其所谓空无寂灭之地而逃焉。……虽自

---

① 《论语·微子》。

② 《孟子·尽心上》。

③ 周作人：《苦口甘口》，河北教育出版社2002年版，第15页。

④ Donald J. Munro, *The Concept of Man in Contemporary China*, Ann Arbor: University of Michigan Press, 1977, p. 15.

⑤ Donald J. Munro, *The Concept of Man in Contemporary China*, Ann Arbor: University of Michigan Press, 1977, p. 18.

以为直指人心，而实不识心；虽自以为见性成佛，而实不识性。是以殄灭彝伦、堕于禽兽之域，而犹不自知其有罪。”①

朱熹还将人性分为天地之性和气质之性，且两性统一于人身上，缺一则“做人不得”。人与生物有共同之处，即他们皆禀气而生，都是由“无极之真”（即“太极”）和二气五行之精“妙合而凝”的。只不过，人和生物所禀之气不同而已。“人得其气之正且通者，物得其气之偏且塞者”，所以人“理通而无所塞”，而物“理塞而无所知”。②他还强调，人不仅能禀承天之所赐的此善此理，且能秉持此善此理，才是真正的人；人若不识此差别，不能自别于禽兽，则虽名为人，而实无以异于禽兽；而君子识得这种差别，并能存得此善此理，从而把人与禽兽区别开来。因此，他说：“‘惟皇上帝降衷于下民’，‘民之秉彝’，这便是异处。‘庶民去之，君子存之’，须是存得这异处，方能自别于禽兽。”③

第二，传统文化中“化性起伪”、“性善”和“人人皆可成圣”等思想，对“当代”中国“人性可塑”理论的形成有所影响。

孟旦认为，古代儒家和“当代”中国人不仅对人的社会性加以强调，而且还强调人有“向善性”（Perfectibility）和“可教育性”（Educability）。在决定人们是否能变成道德模范或榜样时，教育和先天易变性（可塑性）两个因素都起作用，当然教育的启发作用会更大一些。他们都信奉“教育万能”说，确信人人都没有先天的缺陷，持有“人人皆可成圣”的乐观主义态度。④

荀子讲人性本“恶”，若顺着人的本性，则“偏险而不正，悖乱而不治”。人之善何来？他认为是“化性起伪”⑤的结果，即“善”是经过加工改

---

① （宋）朱熹：《读大纪》，《晦庵先生朱文公文集》卷七十，《朱子全书》（二十三），上海古籍出版社2002年版，第3376页。

② （宋）黎靖德编：《朱子语类》卷四，岳麓书社1996年版，第60页。

③ （宋）黎靖德编：《朱子语类》卷五十九，岳麓书社1996年版，第1240页。

④ Donald J. Munro, *The Concept of Man in Contemporary China*, Ann Arbor: University of Michigan Press, 1977, p. 25. “文革”前期，毛泽东因在国内实行一系列过左的经济政策和对外政策，受到当时的其他中央领导人的反对和抵制；在国外，中美矛盾日益趋紧，越南战争也正进行得如火如荼，且中苏关系陷入分裂。为清理“修正主义”，他采取了令人惊奇的措施，即实行“复兴半工半读学校”的教育改革。他相信这种教育改革能够培养出具有劳动观点的“新人”，他们将会对“修正主义”产生免疫力。所有一切都可以通过教育、“培养”或“改造思想”，便可大功告成。

⑤ 《荀子·性恶》。荀子说：“古者圣王以人之性恶，以为偏险而不正，悖乱而不治，是以为之起礼仪、制法度，以矫饰人之情性而正之，以扰化人之情而导之也。”

造并经过“伪”（后天的人为）的结果。也就是说，人只有经过“师法之化”、“礼义之道”或“礼义法度”等约束与矫治，人性方可走向善。但他也认为这些“师法之化”、“礼义之道”或“礼义法度”等，皆不是人性之中所固有的，而是“化性起伪”的结果。可见，早在荀子思想之中就蕴涵了人性“可塑”的种子。

孟子主张“性善”，认为人生来便有“四心”，只要把这些本心加以扩充和发展，就能成就“仁、义、礼、智、信”等善良本性。也就是说，人要“存其心，养其性”①，方可“养”善。“养”即培养、修养，即在后天环境中注意修身养性，通过自身的努力学习以及环境的熏陶，提高思想道德水平，成为政府和国家希望的人才。

笔者认为，无论是以孟子为代表的“性善论”，还是以荀子为代表的“性恶论”，抑或其他形式的人性假说，最终都没有远离孔子“性相近，习相远也”② 这一对人性的基本假设。他们都认为人性相近、人性可变，差别只在于孟子主要抓住“人之所异于禽兽者”（即人的社会属性）来做文章，而荀子则是抓住“生之所以然者谓之性”（即人的自然属性以及“化性起伪”等）来做文章而已。“当代”中国人之可塑性理论虽然建立在人性本无所谓“善”或“恶”等抽象和共同的本质而是具体的人性的基础上，但其本身却深含着一种平等可善的基础，蕴涵着人性后天可塑性的民族文化精髓，显现其与儒家人性论的深厚渊源。

第三，“当代”中国人论与古代儒家人性论也有断裂。孟旦说，我们既要看到“当代”中国人与古代儒家在人的社会性和可塑性方面的连续性，也要看到它们之间的明显断裂。其主要表现如下：

首先，在区分人的生物性和社会性时，“当代”中国人虽强调人的根本特性是社会性，但在某种程度上淡化了人对他人应有的先天情感。这与古代儒家思想是截然不同的，因为儒家强调人的先天“评价之心”和人的“先天道德感”，强调先天的“仁”、“孝”与“亲”等情感。③而在“文革”期间，“当代”中国人却因革命立场不同或观点稍异而夫妻对簿公堂，父

---

① 《孟子·尽心上》。

② 《论语·阳货》。

③ Donald J. Munro, *The Concept of Man in Contemporary China*, Ann Arbor: University of Michigan Press, 1977, p. 18.

子因观点相左或“路线”不同而相互举报。笔者认为，这些恰恰是过分强调人性可塑思想的结果，恰恰是过分看重后天的社会性以及后天环境对人的改造的结果。

其次，“当代”中国人主张人的情感、目标、兴趣、技能和知识都可以作为社会的产品在群体或阶级中产生，并打上深刻的阶级烙印，甚至认为人的思想都是由其所属的阶级决定的。这一观点是创新的，完全不同于儒家人性论。儒家人性论虽坚持一个人的身份是从他所属的那个群体中得来，但人的情感、目标、兴趣、技能和知识等却不能从他所属的那个群体中得来，因为许多古代儒家将这些特性归之为与生俱来的、属生物学上的本质。[①]笔者认为，“当代”中国人的这种阶级人性论学说强调具体的人性论，反对抽象的人性论。它对培养无私、奉献、真诚和集体主义的“新人”，无疑具有重要意义。但是，他的这种区分不仅扼杀了资产阶级等非无产阶级的基本生存欲求，同时也把无产阶级人民大众的基本生存欲望都当作资产阶级的利己主义一并否定了。

再次，“当代”中国的人性论特别强调“可塑性”，它允许在不同人的个性与能力上无限制地变化，只要施加培养或改造，甚至那些超越时代条件之上的个体个性和能力，也可无限制地变化。但是，中国古代儒家对个体“教育的可能性”进行了一定的限制，强调人性中的天赋部分是与生俱来的、不可改变的。[②]如《论语》记载：“子曰：‘中人以上，可以语上也；中人以下，不可以语上也。’”[③]可见，孔子虽重视人的后天培养，强调“性相近，习相远”，但他认为先天的人之上、中、下三等之分是很难逾越和改造的。正所谓“朽木不可雕也，粪土之墙不可圬也”[④]，“天命之谓性”[⑤]。然而，在“当代”中国人眼里人人生来自然平等，且绝对可塑，即使为“恶”那也是社会环境的罪过，是后天培养和改造不够而已。

---

① Donald J. Munro, *The Concept of Man in Contemporary China*, Ann Arbor: University of Michigan Press, 1977, pp. 17 – 18.

② Donald J. Munro, *The Concept of Man in Contemporary China*, Ann Arbor: University of Michigan Press, 1977, pp. 18 – 19.

③ 《论语·雍也》。

④ 《论语·公冶长》。

⑤ 《中庸》。天命就是本性，不可违背天命而改变它。

最后，“当代”中国人彻底抛弃人性的统一性和不可改变性。儒家坚持圣人与常人同等，即人有相同的本质且不会改变，所有的人与所有的物一样都有着同样的“理”，即使是理学家们也只是承认“气质之性”可变，但与生俱来的“天地之性”不可变。然而，毛泽东认为除了生理上的残疾以外，没有人能够被天生的或早年的障碍所束缚，每个人的个性都能改变或者每个人都能获得文字上和科技上的能力。①

笔者认为，这些断裂与“当代”中国人深受马克思主义影响、主张阶级斗争、追求绝对平等以及迫切希望能在短时间内改变中国“一穷二白”的境况，是分不开的。

3. 中国“当代”人论与经典马克思主义人论的渊源

孟旦认为，经典马克思主义学说是“当代”中国人性思想的来源之一，不过，两者间的关系十分复杂。

第一，“当代”中国人性“可塑”思想与马克思“动态人性论”一脉相承。孟旦经研究认为，德国的经典马克思主义学说主张的是一种“动态人性论”。马克思强调，人是社会的，离开人与社会的关系去谈论人性或自然的人是没有任何意义的。只有将生物学意义上的人归入其独一无二的社会活动之中，才能将生物学角度的人作为真正的人；人生物学意义上的需要也必须同合作的、生产性的劳动联系起来，才有意义。而劳动是人类特有的一种活动，人们在劳动中所获得的满足，只有在一定的社会连接中才能出现。由此可见，人的本质不是抽象地、与生俱来地存在于单一个体之中，而是存在于现实中，它是一切社会关系的总和。众所周知，在生产合作的劳动中缔结而成的这些社会关系存在于不同的历史时期，然而历史时期不同，当然其社会关系也不同。因此，马克思反对将人的社会性静态化，因为人的社会性随着历史和社会关系的改变而改变，所以人的本质也随之改变。可见，马克思主张的是没有固定的、静态的人性观。②这种“动态人性论”，也为“当代”中国人性可塑思想提供了理论基础。

除上述继承之外，笔者认为“当代”中国的人性论还受到马克思关于

---

① Donald J. Munro, *The Concept of Man in Contemporary China*, Ann Arbor: University of Michigan Press, 1977, p. 20.

② Donald J. Munro, *The Concept of Man in Contemporary China*, Ann Arbor: University of Michigan Press, 1977, pp. 9-10.

“自由自觉的活动是人的类特性”[①] 思想的影响，特别强调人的“自觉的能动性”。

第二，“当代”中国人和马克思虽然都赞同人性可塑，但在人性改变的范围、程度、方式以及时间上则有所不同。

首先，人性可塑的范围不同。孟旦注意到，马克思虽主张“动态人性论”，但也相信人性中还有“静态”的因素。人性既有静态的方面又有动态的方面，两者相互作用、相互依赖，构成人性的统一体。例如，马克思的“需求”（Needs）理论便体现了他的静态人性论的一面。这里的“需求”既不是粗陋化的需求，即那些直接相关于生物谋生的必然性的生理需求（如食物与饮料等），也不是那些物化的需求，即能够获得的、非必然性的需求（如钱等），而是一种与社会相适应的需求，即在共产主义社会中的需求[②]。该需求有三种，分别是：用最接近于艺术家的创造方式来表达某人个性的“需求”；将他人作为目的而不是手段的需求，关心他人就能满足自己的需求；人们有实现自己的能量，发挥自己才能的需求。[③]马克思认为，所有人性都有这些需求，是人性中“静态”的因素。当人们体验这些需求、表达这些需求时，会感到无比的愉快和幸福。因此，孟旦认为，“当代”中国人性论只继承了马克思人性论的第一个方面——变化和可塑，而忽略了第二个方面——静态，因而“当代”中国人在人性之可塑性方面比马克思走得更远，便在情理之中了。

其次，人性可塑的程度不同。“当代”中国人虽然继承了马克思人性论

① 马克思、恩格斯：《马克思恩格斯全集》（第42卷），人民出版社1979年版，第95页。

② 其实，马克思还排除了“工具化的需求”，即人的需求被用来作为谋利的手段和支配他人的力量。马克思这里说的需求，是指在共产主义时，在私有制废除、分工消除，物质极大丰富时，人的个性发展完全可以与需求一致起来，需求的主体（即人）与其所依赖的需求对象之间一致起来，不会再有以前的那种矛盾和不平衡状态。马克思需求理论的主要内容有：“人的需求”既有别于动物的需求，也有别于人的动物性需求。它既有与生俱来的自然需求（如吃、喝和性），也有人所特有的、在生产实践和社会文化中生成的需求（如关爱、尊重、自由、发展个性、自我实现以及被文化改造过的自然需求）。“人的需求”是“现实的人”的应然性需求，是其实际需求发展的方向和目标。在共产主义社会中，“富有的人同时就是需求有总体的人的生命表现的人，在这样的人的身上，他自己的实现作为内在的必然性、作为需求而存在”。[《马克思恩格斯全集》（第42卷），人民出版社1979年版，第90页。]

③ Donald J. Munro, *The Concept of Man in Contemporary China*, Ann Arbor: University of Michigan Press, 1977, pp. 12 – 13.

的两个标准，即人性是变化的和不同的社会阶级有不同的本性。但是，“当代”中国人比马克思通常强调的“同一阶级成员的本性是一致”的理论，走得更远。“当代”中国人接受了特定阶级有特定个性的理论，认为特定阶级在社会性上与其他阶级有诸多的不同，甚至在同属一个阶级的人们当中，他们的社会性也有所不同。从而，个体的社会性便具有极端的可塑性。[①]毛泽东曾说：“人，这个概念已经舍掉了许多东西，舍掉了男人、女人的区别，大人、小孩的区别，只剩下了区别于其他动物的特点。谁见过‘人’？只能见到张三、李四。”[②]

再次，人性可塑的方式不同。孟旦认为，“当代”中国人虽然没有否认社会环境影响人们的思想，但是晚年的他主要关注的是共产主义实践与需要对人的影响，关注政治或意识形态以及人们的生活方式对公民的思想影响，而忽略了主要的经济因素对人性的影响。马克思强调的是物质决定意识，经济基础决定上层建筑，物质资料生产方式决定人的阶级与思想。可是毛泽东在晚年逐步地改变并引导了中国一个时代的倾向，即由思想来决定阶级而不是由经济关系来决定阶级。在毛泽东那里，人的社会性概念成了人性可塑思想的工具和垫脚石，直至最后发展成“只要转变思想，就能改变人的社会性或阶级性”[③]。这些人性论思想与“大跃进”、“文化大革命”等理念具有某种程度的契合，那时人们大都相信“人有多大胆，地有多大产”，“不怕做不到，只怕想不到”。

最后，人性可塑的时间长短不同。在人性的社会性转变时间上，“当代”中国人认为所需的时间比马克思所主张的时间要短得多。马克思提倡的是逐步改变人性，人性只能在社会群体和物质生产中长期变化，因为决定人性的社会关系发生改变，不仅仅涉及自己，更涉及广大的他人，甚至整个社会、世界的变革。而“当代”中国人则反对以高度概括的社会性模式来代替对个

---

① Donald J. Munro, *The Concept of Man in Contemporary China*, Ann Arbor: University of Michigan Press, 1977, p. 22.

② 毛泽东：《建国以来毛泽东文稿》（第十一册），中央文献出版社 1987 年版，第 492 页。孟旦注释为“毛泽东：《毛主席在杭州的谈话》，选自《毛泽东对文革指示谈话汇编》，1965 年，第 41 ~ 46 页”，可是笔者没有找到此文献。

③ Donald J. Munro, *The Concept of Man in Contemporary China*, Ann Arbor: University of Michigan Press, 1977, p. 19.

体的分析，他们认为高度概括化的人性理论只适用于大多数人，而不是真正的人性说明。因此，“当代”中国人提倡可以迅速改变人性。①

笔者认为，上述的不同，主要与“当代”中国人的“具体矛盾具体分析”思路分不开，与他们相信思想的重要性（如“思想有多远，我们就能走多远”）、主张以阶级斗争为纲的理论相吻合，并与他们对旧社会改造和新世界建立的迫切需求紧密相关。

4. 中国“当代”人论与苏联时期马克思主义人论的渊源

孟旦说，由于政治、经济、历史以及意识形态的原因，苏联时期马克思主义必然成为中国人性论的来源之一。

苏联时期人性理论可分为两个阶段，在第一个阶段（20世纪30年代末之前），即使苏联时期人性理论主张直觉与反射，而不是“需要”，但是它运作的规则仍然与马克思早期的人性观是一致的。人类被看作是人类社会环境的消极反应者，他们也没有办法去加速对人性的夸张式的历史改变，一切都是渐进的，一切都在不断地、持续地进化着，但绝不是无原因的、飞速的变化。可是，在第二个阶段（20世纪30年代末以后），苏联人认为，好的倾向能够自然而然地表达他们自己的需要，目前国家的主要任务就是迅速地、夸张地将模范人物转变成“新人”。②这种模范人物（即榜样）是由绝对命令或政府提出的，并具有“新人”的个性特征。苏联人相信，虽然苏联的教育和经济还很落后，但是他们可以迅速地创造出社会主义“新人”。在日后的行动中，他们逐渐相信：有意识的精神现象应该占据人的主导地位，要比无意识的因素（如物质、社会和经济等）更为重要。很明显，这种思想已走向了马克思“需求”理论的反面，走向了马克思所坚持的“存在决定意识”、人性中还有静态因素的反面。③

由上可知，“当代”中国人的人性可塑理论与苏联时期马克思主义人性

---

① Donald J. Munro, *The Concept of Man in Contemporary China*, Ann Arbor: University of Michigan Press, 1977, p. 19.

② Donald J. Munro, *The Concept of Man in Contemporary China*, Ann Arbor: University of Michigan Press, 1977, p. 13.

③ Donald J. Munro, *The Concept of Man in Contemporary China*, Ann Arbor: University of Michigan Press, 1977, p. 14. 笔者认为，如果盲目坚持人的“超自然的”需求，完全从人不同于动物的需求出发，那么就会走到另一个极端，把人变成不食人间烟火的“天使”。

论有一个共同的出发点，即德国经典马克思主义人性论的变化原则。但是，“当代”中国人性论中的人性可以迅速改变，可以在短时间内创造出共产主义“新人”的思想却来源于苏联。[①]

以上孟旦对中国“当代”人论理论的一切比较与论述，都应归功于他独特的视角和敏锐的洞察力。在此基础上，他又以哲学家兼汉学家的眼光充分肯定了“当代”中国“人”之概念的长处。

孟旦总结说，“当代”中国的人性思想继承了三大源泉的可塑性思想，从而倡导“培养新人”和“思想改造”，重视教育之功能；继承了它们的人之社会性，并使其与西方原子论式的个人主义[②]有所区别，从而倡导集体主义人性观；发扬了苏联那种给人的精神现象或意识以中心地位、将人的思想摆上人性中心环节的人性论思想，从而主张几乎毫无限制的人性塑造，为广泛地塑造人的个性提供了可能性。最后，就连西方人信奉为非常重要的、与生俱来的人性特征（如自由），也被加上社会性限制因素。[③]

孟旦认为，即使“当代”中国人论在人之可塑性上有极度放大之嫌，但其也有适合当时中国实情之处。例如，承认人的可塑性，为教育作用的充分发挥提供了坚实的哲学基础。在他看来，杜威人性论在这点上十分接近“当代”中国的人性论观点。[④]因为杜威反对古典自由主义和加尔文主义的人性观，他认为人的特性不是与生俱来的（如心理上的自私自利不是先天而来的，而是后天学来的），个体也是社会创造的，是社会环境塑造了个体，而

---

① Donald J. Munro, *The Concept of Man in Contemporary China*, Ann Arbor: University of Michigan Press, 1977, pp. 14-15. 孟旦说，苏联人性论有两个核心观点：一是人是有目的、有方向的活动者，能意识到将来的任务，在他的自身范围内和在他追求变化的物质环境中能够引导变化。如果政府官员和教育者希望迅速地改变一个人的本质，那么，他们就需要转变此人的意识目标和价值观。二是人有目的、有意识，并具有追求这些目的和目标的能力，因而人有充分的自由选择权，当然普通的公民应该要为他们自己选择的行为负责。前一种观点后来影响了中国人、影响了毛泽东；后一种思想只是在苏联模糊地存在着，一直没有登上苏联哲学的核心地位，更没有影响到中国。

② Donald J. Munro, *The Concept of Man in Contemporary China*, Ann Arbor: University of Michigan Press, 1977, pp. 3-5. 孟旦认为，西方人相信人的不可塑性，因为人是自私、自尊和利己的，人是自主、自由的，其个性的发展免受社会和外界的干预，其意识完全由其个人选择，没有任何他物可以对其进行主宰。

③ Donald J. Munro, *The Concept of Man in Contemporary China*, Ann Arbor: University of Michigan Press, 1977, pp. 23-24.

④ Donald J. Munro, *The Concept of Man in Contemporary China*, Ann Arbor: University of Michigan Press, 1977, pp. 184-186.

不是个体改变环境。因此，在某种程度上，杜威建立的美国教育体制与以塑造人的个性为目的的“当代”中国教育体制有些许共鸣之处。[①]

孟旦还认为，“当代”中国人强调人的社会性和集体主义人性论，排斥对公共领域和私人领域进行区分也有某种合理性。《论语》中有这样一段对话：“叶公语孔子曰：‘吾党有直躬者，其父攘羊，而子证之。’孔子曰：‘吾党之直异于是，父为子隐，子为父隐，直在其中矣。’”[②]对话中，叶公之直是为外在的法之直，孔子之直是人性之直、亲情之直。在此，公共领域和私人领域关系紧张，那么儒家如何来处理呢？当“父攘羊”时，则“子为父隐”，并且儿子承认羊是他偷的，这样做既不损公也不伤亲情，也消除了公私之间的紧张关系。儒家伦理是从“亲亲”原则出发的，万事以“孝”为先，然后在“孝”的基础上生发出“义”、“忠”和“信”等。也就是说，先从“孝”（私人领域之事）开始，然后推及“仁民”、“爱物”（公共领域之事）。然而，大多数美国人不能容忍对私人领域的侵犯或者对“权利不可让渡”的违背。然而，他们也许发现，一些中国人实际坚持的基本原则是：如果像自由民主理论习惯上的那样，在公共领域与私人领域之间很好地画出一条分界线似乎是不可能的。甚至是对公共领域和私人领域的区分最为忠实的鼓吹者密尔也不得不承认这一点。[③]

在人性可塑理论的支撑下，“当代”中国人提倡的“培养”理论也有着行为上的意义，即有利于自我理想的实现和人的完美性的实现。孟旦说，受到别人的尊重是一种基本的人类需要，对人们具有强烈的激励作用和吸引力。人们对工作的目的或意义的理解，是减少甚至能够消除“异化”的手段，人们也能通过模仿楷模而进行有效的学习。“当代”中国人主张人性多样性，

---

① Donald J. Munro, *The Concept of Man in Contemporary China*, Ann Arbor: University of Michigan Press, 1977, pp. 184 - 185. 杜威的思想有利于转变那些来自不同国家、不同民族和不同文化的外来居民成为真正的美国公民，使他们接受19世纪初的自由新教主义、美国的进步文明以及资本主义的心理学和伦理学。其实，“当代”中国也有类似的背景，他们希望能转变旧社会的人为新社会的人，希望能将剥削阶级转化为自食其力的新中国公民，希望能将当代每一个中国公民塑造成为“德、智、体、美、劳”全面发展的“新人”。

② 《论语·子路》。

③ Donald J. Munro, *The Concept of Man in Contemporary China*, Ann Arbor: University of Michigan Press, 1977, p. 186.

即在同样的社会、同一个阶级中人性是不同的，是其优点之一。①

笔者认为，孟旦对中国人性论长处的叙述是中肯的。他并不希望美国人将“当代”中国的人性论当作一个整体来加以接受，而只想说明其中有一些与美国人性论主题相容或相互补充的地方，可以使美国人合理地借鉴；那些与西方人性论不同之处，也可作美国人的“他山之石”。

当然，孟旦认为，“当代”中国对人性可塑的极度放大，也会带来诸多意想不到的后果。例如，在孟旦眼里，那建立在人性可塑理论基础上的“培养”理论，实际上具有“一些人或政府对其他人进行引导和操纵”的成分。遵照毛泽东晚年的人性可塑理论，因“培养”而最终“醒悟”之人是在没有丝毫明显的强迫下进行的，是用一致于国家制度和价值观的方式去行动的。但是，对西方人来说，这种“培养”更像是控制。②孟旦还借助当时流行于中国的“说服”一词来论证。他说，“说服”字面上是指通过说教的方法使人服从，但在那个时代这个词又带上了“以通过对消极榜样的严厉批评或直接的文字攻击”等方式来“威胁”被说服者的色彩；而英语中“persuasion”一词的意思是指甜美的劝说，即通过显示一个更美妙的结果去打动被说服者。很明显，中国人所说的“说服”要比英语中的“persuasion”一词具有更多的意义。中国人讲究的是“以理服人，让人心服”，对“自主”的概念很少有兴趣；而美国人对此则无法理解，因为他们认为如果“心”被折服了，那么对自主之人的一些操纵便无法避免地发生了，这是很难让人接受的事。③

笔者认为，由于中西文化的差异，孟旦很难接受中国人的这种“培养”或“说服”的方式也在预料之中。众所周知，西方人强调与生俱来的个人“自由”或“民主”，并将其奉为最高规范，个人意愿绝不容许外界的任何强制和干扰。而中国文化重视整体主义和集体主义，强调个人利益服从集体利益、集体利益服从国家利益、小局服从大局以及部分服从整体等。这种整体主义思维方式有着独特的文化土壤，并不必然导致对人的“控制”和“威

---

① Donald J. Munro, *The Concept of Man in Contemporary China*, Ann Arbor: University of Michigan Press, 1977, p. 184.

② Donald J. Munro, *The Concept of Man in Contemporary China*, Ann Arbor: University of Michigan Press, 1977, p. 179.

③ Donald J. Munro, *The Concept of Man in Contemporary China*, Ann Arbor: University of Michigan Press, 1977, pp. 180 - 181.

胁”。实际上，关键在于人们如何把握这个度，人们能否依“中庸之道”而为之。

再如，那种强调个人利益与公共利益一致性的理论，即人的社会性和集体主义人性论，孟旦认为是一种虚假的设定。为了更多人或集体的利益，“当代”中国人赋予了集体控制个人的权利。例如，告诉工人必须为了成就一个将满足于他们自己工人阶级利益的理想，去接受暂时的个人利益的牺牲。孟旦不赞成此说法，其一因为这只是将来的事，其二这个理论遮盖了这样一个事实，即该工人的现实利益与那些也许生活在“金色的”、工业化的、无阶级社会的将来工人，在普遍化的“工人阶级利益”短语中应该拥有同样大的利益，他们的现实利益也必须重视。声称个人利益与公共利益一致，实际上是建立在将国家或集体当作个体一样的组织机体来看待的虚假理论之上的。即使个体在有限的生活限度内有可能做到与国家利益保持一致，但国家和集体将跨越许多代，他们的成员在改变，成员的共同利益也在改变，而且个体的生物性与引导其认识自身的不同利益的社会影响之间还有相互作用，那么国家将永远不能经受得起无规则的、不可预测的各种类型的变化，那么如何去保持同个人的一致性呢？实际上，个人利益与公共利益之间总是存在冲突的，抹杀这种冲突会使个人利益被忽视，个人需要被彻底冷落。①

笔者以为，孟旦对“当代”中国人性论的批评有点偏激。例如，他认为“当代”中国人所提出的“个人利益与公共利益的一致性”理论是一种虚假的设定。其实，笔者认为个人利益与公共利益是可以在某些情况下达成一致的，因为个体是集体中的一个成员，离开集体的个体是不存在的。当个体为集体作贡献时，并不意味着抹杀个人利益与公共利益之间的冲突，也不意味着忽视了个人的利益、冷落了个人的需要，很显然，个体也会从中受益，两者是相辅相成的关系。因此，“个人利益与公共利益的一致性”理论并非是一种虚假的设定，关键是现实中不能将公共利益无限放大，而忽视个人的合理利益和诉求。

由上，我们可以继续追问：“当代”中国人性可塑思想为何能在当时的中国实际中获得理论和现实的支撑？首先，由于人们相信人的社会性与自然

---

① Donald J. Munro, *The Concept of Man in Contemporary China*, Ann Arbor: University of Michigan Press, 1977, p. 183.

性是相分离的，加上对社会性特征的过分强调，导致人们对人的生物性特征不再感兴趣，并最终忽略人的生物性。人的自然性常被人们认为是不可改变的，当我们忽视它时，便意味着人性远离了阻碍它变化的自然本性，从而为人性可塑留下足够的空间。其次，由于“当代”中国人坚持“理论联系实际”的原则，坚信所有人的“正确思想”不是来自人的自然属性（如肉体），也不是来自人与生俱来的天赋（即理性），一切都是人在实践中发挥积极性和主观能动性的结果。因此，人只有参加真正的实践活动方能获得真正的改变。也就是说，要“培养”和“塑造”一个人就要将他投入劳动之中，于是便有了“上山下乡”、“半工半读”和“劳动改造”之说。再次，“可塑性”的信仰给人以乐观主义，使人们乐观地感觉到能够改变他们不想要的个性特征，能够获得他们所需要的实现现代化的科技能力。这些乐观主义能帮助人们将“可塑性”思想转变成自我实现的“预言”，从而相信只要付出一定的努力便会产生预想的变化。因此，便出现了人性可以迅速改变的观念。最后，“当代”中国将人性可塑思想与人的社会性特征联系起来，并与其矛盾论相结合。这样，人们便强调“具体问题应具体分析”、“没有调查，就没有发言权”以及“矛盾的普遍性必须与特殊性相结合”等理论，“人性的具体性”以及个体的社会本质和人性的极端可塑性，便很容易为当时的中国人所接受。①

综上所述，孟旦运用发生学的方法，成功地找到了“当代”中国人性理论的三大来源，并指出它与马克思“动态人性论”一脉相承。它是从儒家人性论中吸取了“人具有社会性”、“人与动物具有共同的自然属性”的养分，从“化性起伪”、“性善”和“人人皆可成圣”等思想中吸取了“人性可塑”的种子；它是从苏联时期马克思主义人性论中继承了“人性可以迅速改变”，短时间内能创造出共产主义“新人”的思想。同时，孟旦也中肯地说，“当代”中国在人的可塑性方面走得太急，如过分倡导集体主义人性观，将人的思想摆上人性的中心环节，主张几乎毫无限制的人性塑造等。孟旦以一种独特的视角来评述“当代”中国人性论，特别是其可塑性理论，为当今中国人理解20世纪50年代至70年代的一些历史事件提供了另一条思路，为我们研

---

① Donald J. Munro, *The Concept of Man in Contemporary China*, Ann Arbor: University of Michigan Press, 1977, pp. 20-21.

究和理解那个时代中国人和中国政府为什么提倡办"半工半读学校",为什么主张"知识青年上山下乡",甚至为什么掀起"文化大革命"、"共产风"和"大跃进"等运动,增添了新的认识和评价。但是,孟旦在阐述中国政治哲学和人性论思想时,有意无意地运用了西方文化的思维方式,对中国"当代"政治哲学和人性论的研究,或多或少、有意无意地带上了"意识形态"或"冷战思维"的一些特征。

(二)"当代"中国平等观研究

"当代"中国将"培养"新人作为"平等"的手段,而西方人则用"平等"来描绘自由、民主理想;在"当代"中国,"平等"对待建立在"成为人民的一员"的基础之上,具有阶级性,而西方人的平等观来源于上帝的爱;"当代"中国人最重视地位平等,而"当代"西方人最重视权利平等。

在《"当代"中国人的概念》一书中,还有一个特别值得注意的地方,即孟旦对"当代"政治哲学中的平等观研究。

按照什么方向来"培养"人的社会性、塑造人的理想个性呢?孟旦认为,"当代"中国人的回答是"平等"。因为"平等"是"当代"中国"人"之概念的一个核心词汇,"平等"的实现与否会直接影响到"新人"理想能否实现,也会影响到"新人"的培养。另外,"当代"中国人还认为,领导与被领导之间的民主要求一种"平等",也要求将"分配不平等"最小化,只有将"分配不平等"最小化,非物质刺激(如表扬等)才能发挥最大的作用。他们还主张"培养"全面发展的"新人",要求消除体力劳动与脑力劳动之间的差距。他们同时认为,人们地位上的平等与政治上的统一是密切相关的,只有将"地位平等"与"政治统一"完美地连接起来,才是"当代"中国人的终极目标(只有国家和政治统一了,且政治权力统一于人民手中之时,才能保障人民的地位平等,才能真正消除社会上不平等的分工)。在中国古代,政治上的统一肯定会带来地位上的不平等;但是,在"当代"中国,人们却要求将这种地位不平等降到最低点。因此,在"当代"中国人的心目中,平等地对待人民是天经地义的。①

---

① Donald J. Munro, *The Concept of Man in Contemporary China*, Ann Arbor: University of Michigan Press, 1977, p. 158.

孟旦在《早期中国“人”的观念》一书中主要是区分中西古代人的平等观念，而在《“当代”中国人的概念》一书中主要是区分中西“当代”人的平等观念。他认为“当代”中西方平等观念的意义相差很大。例如，中国的“平等”有提倡消除劳动分工的倾向，并将新人“培养”的过程当作完成此任务的主要手段；而西方人最喜欢用“平等”一词来描绘自由民主理想，但到了中国便成了用“消除劳动分工”的方法来转变所有的人为全面发展之人的理想了。

其实，马克思已经注意到了劳动分工会带来的两种恶果：其一是扭曲了个体劳动者的灵魂，因为劳动分工使劳动者变成了残废的巨人（因为劳动分工迫使个体劳动者从事细小的手工操作，从而浪费了他们的生产潜力和天赋）。其二，总体上来说，是对社会的影响，然后又波及对个体的侵害。因为在资本主义社会里，资本家是不劳而获的财产拥有者，并与牧师和知识分子等形成联盟，这些都是导致无产阶级与资产阶级对抗的重要原因，所以消除劳动分工是终止剥削和阶级斗争的方法之一。可见，马克思的最终目标是要消除劳动分工，培养“全面发展”的“新人”。①

“当代”中国人谈论“平等”的时候，不是谈论所有人一出生就应享有同样重要的天赋（如身高、智力等），而是谈论一种为政府所接受的原则，即所有人都应该在某些方面被同等地对待。在古代中国，理想主义思想家赞成平等待人，理由是所有人都同等地从“天”那里获得“仁”或者“礼”，它们也同等地呈现于所有人之中，所以每个人都与圣人同等。而在“当代”中国，平等对待是建立在“成为人民的一员”的基础之上的，人民的价值观不是来自上帝的关心，而是来自人民作为历史的创造者、作为新中国的创造者的理论。不同的是，西方人的平等观来源于上帝的爱，因为在上帝的眼中人人都应受到平等的对待，所以西方人主张的是所有人的价值平等。既然在价值上平等，那么就应该受到平等的对待。当然，从哲学上看，西方人的这种“价值平等”与“平等对待”之间的转换只是由人们的心理所支持的（即一切都是人们心理上的一种倾向性），而不是它们之间有任何的逻辑联系。②

---

① Donald J. Munro, *The Concept of Man in Contemporary China*, Ann Arbor: University of Michigan Press, 1977, p. 159.

② Donald J. Munro, *The Concept of Man in Contemporary China*, Ann Arbor: University of Michigan Press, 1977, p. 159.

孟旦也承认，中西方平等观有融合之处。例如，许多美国评论者主张人们在性、年龄、财富、种族、宗教以及出生地等方面应该平等，“当代”中国人也这样认为。当然，在这些方面中西方也稍有不同，如“当代”中国区别对待剥削阶级家庭的孩子，在其入学或其他方面给予他们不同于其他家庭的孩子的机会和待遇。①

孟旦强调说，绝对的平等主义在理论上是可取的，但在社会现实中是不可能实现的。这是因为人的需求、品德以及工作等多方面都有不同，所以导致对人们的不同对待，对人们的态度也会迥然不同。事实上，古代中国人并没有得到平等的对待。例如，人们对待自己的儿子不同于对待别人的儿子，父母对待子女与子女对待父母也是不一样的。另外，大多数儒家学者赞成因个人的品德和所受到的教育不同，成人应该受到不平等的对待。但是，在“当代”中国，这种绝对平等主义理论却得到了广泛的运用，并在中国的解放和革命建设中发挥了巨大的作用。在红军队伍中，绝对平等主义思想虽然在经历了无数次残酷斗争后有一些减弱，但是它的印迹却牢牢地被保存了下来。如长征期间，官员骑马被视为一种不平等的标志，无论是官还是兵，都绝对平等地分配供应品，绝不允许任何人在任何情况下多分一点东西，如此等等，这些都是绝对平等主义思想的体现。②

“平等”一般可分为地位平等、分配平等、机会平等以及权利平等，在不同文化背景的国家中各自的重要性也不一样。孟旦认为中国人对待平等的重视程度依次为：最为重视的是地位平等，其次是分配平等和机会平等，最后是权利平等；而现代西方人对待平等的重视程度依次是：最为重视的是权利平等，其次是机会平等和地位平等，最后是分配平等。③

“权利平等”是一种反对政府干涉个人权利的平等。在自由民主的国度里，权利平等是最为重要的平等，意识自由的权利是所有权利中最为重要的权利，但是传统中国没有这样的思想背景。中国人重视“天人合一”以及“物我不分”的思想，如果“开私念”则不能达到“天人合一”的境界，更

---

① Donald J. Munro, *The Concept of Man in Contemporary China*, Ann Arbor: University of Michigan Press, 1977, p. 161.

② Donald J. Munro, *The Concept of Man in Contemporary China*, Ann Arbor: University of Michigan Press, 1977, p. 160.

③ Donald J. Munro, *The Concept of Man in Contemporary China*, Ann Arbor: University of Michigan Press, 1977, p. 161.

不可能准确地去认知事物。“selfishness”和“egotism”两个英语单词与中国传统哲学中的“自私”意义不尽相同。在中国，“自私”一词与“贪婪”一词意义无关，它的反义词为“公”，在古代中国，人们可能会视个人的“平等权利”为一种“自私”。另外，传统中国并没有一个“市民社会”的概念。因为“市民社会”有义务去保护那些应该呈现于社会公民之前的权利，但若离开“市民社会”，人们似乎就不知道怎样去构想“权利平等”的概念。因此，孟旦认为，“当代”中国人对权利平等并不十分重视。然而，他也承认“当代”中国人的“权利平等”是可以通过政府的“群众路线”来实现的，而不是通过西方人的方式（即法律、集会、游行等）来实现。①但是，笔者认为，“当代”中国对权利平等是十分重视的，并不像孟旦说的那样，如在中国的《宪法》中明确规定：公民有自由言论、自由集会和免受非法侵害的权利，且规定法律面前人人平等。

“机会平等”是一种积极意义上的平等。孟旦说，积极平等是指人们能够自由地选择适合他们的职业，能够除去因自然生理缺陷或道德缺陷而对平等产生的限制，以及人们能够不受教育、财富或社会地位的限制，人人有着与其他人同样的“机会平等”。②

“当代”中国人根据国家制度和实际情况进行了必要的改革，做出了许多迎合积极意义上的机会平等的事。例如，“当代”中国政府推进教育机会的平等，努力增加农村学校的数量，提高农村学校的质量，努力培养有质量的农民和工人，尽可能地让他们进入学校学习，补偿他们本应该学习却没有时间学习的机会，等等。③

但是，孟旦也指出，没有社会能真正做到“积极意义上的机会平等”，即能够自由地选择适合他们的职业，因为人们总是要受到社会性需要的限制。例如，公民有服兵役的义务，可能大多数人认为服兵役不适合自己，但是当国家需要时，你必须服从。这种积极意义上的机会平等在发展中国家受到的

---

① Donald J. Munro, *The Concept of Man in Contemporary China*, Ann Arbor: University of Michigan Press, 1977, pp. 161 - 162.

② Donald J. Munro, *The Concept of Man in Contemporary China*, Ann Arbor: University of Michigan Press, 1977, p. 163.

③ Donald J. Munro, *The Concept of Man in Contemporary China*, Ann Arbor: University of Michigan Press, 1977, p. 164.

限制会更加明显，因为人们普遍缺乏基本技能，所以发展中国家的政府也许会严格地控制学生所学的课程以及毕业后所从事的专业和领域等。同样，在"当代"中国教育中，人们虽然不受财富、地位的影响，都可以拥有平等的学习机会，但是，国家对一些紧缺专业和特殊行业也作了明确的规定，甚至对学生的课程也加以限定。①

美国与中国在"分配平等"问题上分歧很大。在美国，贫富分化被合法化，其实贫富差异的鸿沟在18世纪末就已经显现出来。正如一位美国历史学家所指出的那样："资产阶级与平民之间的分化，就像许多人说的那样，是对公众的平等理论与同质理论的明显违背……现今的美国人是通过两院来判决那些引起抱怨的问题。但是，如果这样去做，便是美国联邦政府对阶级意义的误用，也就是说，美国联邦政府应该重视荣誉和智慧，而不是财富和财产。"②由此可以推断，美国人在现实中对分配平等并不关心，甚至还将分配不平等合法化。

而"当代"中国，强调"分配平等"就如"机会平等"一样重要，它们同样是达到"当代"中国人心目中的最重要理想——人人"地位平等"——的工具和方法。然而，从理论上说，"分配平等"是与马克思的社会主义分配原则——"按劳分配"原则——相矛盾的；在实践中，"分配平等"也是不可能实现的。因为当一种理想价值观不与其他的国家政策或社会实际相违背的时候，可以将限制"不平等的分配"作为一种理想价值的途径；可是当它们之间一旦存在矛盾的时候，这种理想价值观便很难实现了。③"毛主席在谈到社会主义制度时说：总而言之，中国属于社会主义国家。解放前跟资本主义差不多。现在还实行八级工资制，按劳分配、货币交换，这些跟旧社会没有多少差别。所不同的是所有制变更了。毛主席指出：我国现在实行的是商品制度，工资制度也不平等，有八级工资制等。毛主席还指出：

---

① Donald J. Munro, *The Concept of Man in Contemporary China*, Ann Arbor: University of Michigan Press, 1977, p. 165.

② Donald J. Munro, *The Concept of Man in Contemporary China*, Ann Arbor: University of Michigan Press, 1977, p. 165.

③ Donald J. Munro, *The Concept of Man in Contemporary China*, Ann Arbor: University of Michigan Press, 1977, p. 166.

列宁说，‘小生产是经常地、每日每时地、自发地和大批地产生着资本主义和资产阶级的’。工人阶级一部分，党员一部分，也有这种情况。”①

这段话充分显示了在“分配不平等”的不可避免性与“分配平等”的价值理想之间的强大张力。工资不平等不仅损害了最重要的平等——“地位平等”——的实行，而且也与共产主义的自愿劳动原理相违背，因为共产主义提倡没有任何分配上的歧视更没有任何工资上的歧视的政策。②既然现实中“分配不平等”是无法避免的，那么“当代”中国人如何来处理这种张力，使“分配不平等”降低到最小呢？孟旦认为，“当代”中国人采取了如下措施：消除极端的财产拥有者，没收其财产归国家所有；设立基金去普济穷人，保证大灾之年的粮食供应；提供医疗服务以及制定最低工资标准等。所有的这些措施都在支持“地位平等”的实施。虽然“当代”中国教育在成就“地位平等”上扮演了关键的角色，但是还必须有经济上的支持，必须以分配平等作为基础。③

在“当代”中国，“地位平等”是指除可以被证明的理由外，在日常生活中没有一个人有特殊的权利被他人“尊重”或“不尊重”，给予其“尊位”或“卑位”。尊重与否不是建立在个人的职业类型基础之上，也不是建立在工作的地区不同的基础之上，更不是建立在那种一致于前两种条件下的生活方式（如着装、谈吐、习惯、爱好等）的基础之上，而是强调一种“态度”。④

在美国，人们不太重视“地位平等”，人们看重的是“权利平等”和“机会平等”，也倾向于历史地创造一种“复杂的地位”（Mixed Situation）。当然，虽然美国人对地位平等并不感兴趣，但是现实中每个美国人都有一个平等的倾向，如政治上呼吁对卑贱血统的尊重，以及憎恨培养“英语”语

---

① 摘自1975年2月22日《人民日报》首版。

② Donald J. Munro, *The Concept of Man in Contemporary China*, Ann Arbor: University of Michigan Press, 1977, p. 167.

③ Donald J. Munro, *The Concept of Man in Contemporary China*, Ann Arbor: University of Michigan Press, 1977, p. 168.

④ Donald J. Munro, *The Concept of Man in Contemporary China*, Ann Arbor: University of Michigan Press, 1977, pp. 168 - 169.

调，等等。再如，在马萨诸塞州，人们的地位虽然是不平等的，在教堂里的座席也是遵照社会性地位不同而加以设计的，但是这些座席每隔三年都要转换一次，而且孩子们也不会因为其父母的地位不高而受到歧视，可以说他们拥有共同的座位。①

“当代”中国人最重视人的“地位平等”。传统儒家的社会有着高度的分层，主要有学者—官员阶层和农民阶层之分。儒家伦理要求人们对有文化、有教养的儒者予以尊敬。可刚好相反，“当代”中国将“地位平等”作为核心观念，并创造出一系列条件来满足社会平等的实现。在他们看来，“地位平等”不需要理由，也不需要去证明。人与人以“同志”相称，没有领导与下属之分。“为人民服务”是“当代”中国人（尤其是中国共产党党员）的口号，也是当代中国政府的指导方针。毛泽东曾在1967年“八一”建军节上的讲话中提出：我们的干部无论他们是什么级别，都是人民的公仆。在不同类型的革命工作中，人们只有劳动分工，没有高低、贵贱之分。他无论从事什么工作，只要是党交给他的，他就应该乐意去做、坚定地去做；不论高低、不计报酬、不讲条件，只要是党需要、人民需要，就去做。这就是一个好同志。②

“当代”中国人反对劳动分工，因为他们认为“劳动分工”否定了人与人之间的联系，否定了群众与干部之间的联系，引起人与人之间地位的不平等。同时，地位不平等又阻碍了经济与政治的发展，使干部脱离群众，使国家失去团结。③

因此，“当代”中国为了保证“地位平等”的实现，采取了以下四种基本措施：第一，学校开设生产劳动的课程，使学生不仅能学到科学文化知识，而且还能获得生产实践的经验，能体验劳动人民的生活。办公室人员、机关人员有义务去农场或工厂参加义务劳动，主要是为了让他们转变思想，而不

① Donald J. Munro, *The Concept of Man in Contemporary China*, Ann Arbor: University of Michigan Press, 1977, p. 169.

② Donald J. Munro, *The Concept of Man in Contemporary China*, Ann Arbor: University of Michigan Press, 1977, p. 171. 遗憾的是，笔者经多方查找，均未找到中文原话。

③ Donald J. Munro, *The Concept of Man in Contemporary China*, Ann Arbor: University of Michigan Press, 1977, p. 171.

是学习生产技能，这样有利于消除因体力劳动与脑力劳动的分工而导致的地位上的不平等。第二，国家大力兴办业余学校，让更多的农民、工人接受文化教育，同时也让体力劳动者享受精神劳动者的愉悦。第三，培养所有人的主人翁意识，尽可能让他们参加组织工作以及福利分配的讨论。第四，实行"群众路线"，党的干部要密切联系群众，从群众中来到群众中去，以此来保证官员的意见与群众的意见一致，体现人民当家做主、人人"地位平等"思想。①

利用教育手段来改造社会、改造人民的思想，是中国人一贯的做法。"当代"中国教育的重要目标是培养全面发展（即德、智、体、美、劳全面发展）的"新人"，以此来逐渐消除劳动分工，使每个中国公民既是脑力劳动者又是体力劳动者，从而达到绝对的"地位平等"。

当然，"地位平等"的原则虽好，但是在现实中很难实现，在实践中也有可能走样。可以说，它既有利于社会又有弊于社会。孟旦说，与"地位平等"具有类似力量的社会价值观——"秩序"——值得我们去讨论。在某些方面，"地位平等"有利于社会良好的"秩序"的形成，有利于降低领导者与其所尽义务的对象之间的张力，有利于巩固他们之间的联系，有利于促进良好社会秩序的形成，使共产主义大道更加宽广。但是，在另一些方面，即使"秩序"要求削减领导者与被领导者之间的差别，但是在现实中前者也许乘坐豪华的轿车，而后者只能搭公交车或骑自行车。当然，尽管出现这些不一致的结果，但是这两种价值观持续地存在于同一个社会之中，确是事实。②

由此可见，孟旦认为：美国人最重视权利平等，而中国人最为重视地位平等，并认为人与人之间只有劳动分工不同，没有高低、贵贱之分，无论从事什么工作都是党的事业；而在美国"地位平等"不如对"权利平等"的保护或"机会平等"的赋予那样重视。

总之，孟旦对"分配平等"的分析是精辟的，也是有远见的。事实上，

---

① Donald J. Munro, *The Concept of Man in Contemporary China*, Ann Arbor: University of Michigan Press, 1977, pp. 172 - 173.

② Donald J. Munro, *The Concept of Man in Contemporary China*, Ann Arbor: University of Michigan Press, 1977, pp. 174 - 175.

“分配不平等”的不可避免性与“分配平等”的价值理想之间存在着强大张力，在实践中绝对的“分配平等”是不可能实现的。因此，中国后来的领导人意识到了这一点，并实行了大刀阔斧的改革，打破了绝对平均主义，建立了社会主义市场经济体制。

但是，笔者认为，孟旦对“当代”中国的“权利平等”理论的分析是片面的。无论从“当代”中国的现有法律、制度和党的方针政策中，还是从“当代”人的现实生活中，都能看到中国人重视权利平等的印迹。其实，“当代”中国人并不像孟旦说的那样“不重视”权利平等，而恰恰因为“当代”中国人在理论上过分重视“权利平等”和“地位平等”，以至于在“文革”中走向了极端。

（三）传统“意识簇”认知方式与“当代”中国的政治理念

意识簇（Clustering）[①]，乃心之认知方式，是认识（Knowing）、情感（Feeling）和行动意向（Promptings to Act）的集合。在认知上，中国人的思维呈现出独有的气质，即价值判断与事实判断的融合，客观事实与道德原则的融合，“意”与“志”的融合，“知”与“情”的融合，从而使知、情、意三者密不可分，相互融合。

1. 古代儒家心之“意识簇”认知方式

（1）“意识簇”的三要素：“知”、“情”和“行动意向”。

“心”是传统中国人认为的思维器官（西方人认为脑是思维器官），这里的“心”实际上是指“评价之心”。“心”可以辨别与理解外界事物和事件，并把握它们的道德原则，这种活动，便是认识活动，即所谓的“知”。“知”包括感官认知、体认之知、合“理”之知。第一种知，属于事实判断，后两种“知”伴有价值判断，且儒家认为道德认知高于感官认知。[②]正如王阳明所

① Clustering 一词的翻译有多种版本，刘笑敢教授将其意译为“意识簇”，而程宜山先生将其译为“群组”。笔者根据孟旦先生的文章判断，他原意应是想创造一个词语，来表达在中国哲学中一种与西方认识论不同的认知方式。在中国，认识、情感与意志，甚至与行动都复合或糅合在一起。然而，“群组”给人感觉与“群体”和“组织”等概念相关，与认识论的内涵关联较小，不能完全表达出孟旦先生想要表达的意思。因此，笔者采用刘笑敢教授的译法。

② Donald J. Munro, *The Concept of Man in Contemporary China*, Ann Arbor: University of Michigan Press, 1977, p. 26.

说："良知不由见闻而有，而见闻莫非良知之用。"①

所谓"情"，就是伴随着认识过程、与认识对象相一致的行动而来的，如快乐、愤怒或怜悯等。②

所谓"行动意向"，即一个行动的主观开始，若没有其他障碍，它便可从心中向外发展，成为公开的行动。但它本身不是行动，实乃行动"未发"时的意念和力量，一旦"已发"便是行为了。可见，它与"知行合一"中的"已发"之"行"的含义不同，它只是一种内在的倾向性和能量而已。但是，中国古代儒家相信：一个人只要学习了某种原则或原理，他就会按照某种方式去行动。也就是说，"未发"与"已发"之间的鸿沟并没有西方语境中那么大，因为中国人往往将人"有什么思想观点"等同于他"有什么行为"。③

从西方现代心理学角度分析，"意志"确与行动紧密相连，可称为"意志行动"。这个"意志行动"是个体根据自己对客观事物的认识，先在头脑中确定未来行动的目的，然后根据这个目的支配自己的行动，并力求实现此目的。但所有这些都表现为行动前的内在心理活动，绝没有任何的外在表现，一旦有外在表现，便成了"行为"。在这方面，西方与中国古代儒家的认识论有一致之处。

但是，两者也有相差较大的一方面。如西方认识论认为，从认知到情感，再从情感到意志行动，是一条基本的、不可分割的人类自控行为的流水线。知、情、意志行动三者紧密相连："知"讲述"是如何"，感知并了解各种事物的事实关系；"情"讲述"应如何"，即事物对于人的价值关系；"意志行动"是与"怎么办"相关的内在活动。也就是说，他们关注的是人类要追问世界"是什么"的问题，追问"我之内心思想和感觉"与"外在的客观世界"是否一致的问题等。而在古代儒家那里，价值判断被包含在情感之中，而情感又会传达出赞同或反对的态度。这种评价性的活动既贯穿于认知活动

---

① 《传习录·答欧阳崇一》，《王阳明全集》，上海古籍出版社 1992 年版，第 71 页。

② Donald J. Munro, *The Concept of Man in Contemporary China*, Ann Arbor: University of Michigan Press, 1977, p. 26.

③ Donald J. Munro, *The Concept of Man in Contemporary China*, Ann Arbor: University of Michigan Press, 1977, p. 26. 例如：桌上有一杯 0.5 千克、可饮用的、50 摄氏度的白开水，此认识在逻辑上并不必然导出"饮用这杯水"的行为。但中国人，常将"他是个好人"的判断，等同于"追随他或者与其交朋友"；常将"他是个坏人"的判断，等同于"反对他或者疏远他"。

中，也贯穿于情感活动之中，事实认知与价值评价之间界限模糊。因此，在古代儒家那里“知”不是纯粹的事实判断，它糅合了价值判断和道德原则。他们还将“知”（即“有什么思想观点”）等同于“意志行动”或行为（即“有什么行为”）。这样，一个人有什么样的“知”，就会有什么样的“是非”观念和“好恶”情感，紧接着便会做出相应或一致的行为或意向。这样，中国人将价值判断等同于事实判断，将客观事实等同于道德原则，将“善恶情仇”等同于事件原貌。例如，随着我对上司的了解和认知的日益加深，我确信他是个坏蛋，但为了生计，我不得不对他微笑，一般不会当面嗤之以鼻或破口大骂。若遵照儒家说法，我非被炒鱿鱼不可。中国人不太重视对“是什么”的追问，重视的是追问事物“如何活动”或“应该如何活动”。我们也认识客观事物，但更多的是去把握其道德原则，或去评价这些原则是否恰当。

（2）古代儒家心之“意识簇”内容之一：“知”。

先秦儒家将人“心”最初设计为一种具有评价功能的机体，主要是识别自然界（包括人类社会）中存在的规范，即“评价之心”。此心具有“义”、“知”两种功能。“义”是人与动物的重要区别，要求我们能够区分何为“正当行为”与“不当行为”，以及在特定条件下应该如何去做；“知”即“道德认知”，要求人们在自然界中揭示事实、区分是非，并掌握普遍的道德原则，就像区别自然界中的不同事实一样去区分道德上的正确与否。[1]

理学家们继承了先秦儒家的认知理念，并提出新的概念“理”。自然界渗透了社会的和宇宙的互相作用的方式（Pattern）——“理”，这些方式永远不会改变，如果按照“理”去做，便会得到一种稳定的平衡。“理”对于每个客体或事物来说，既有自然的命令又有伦理上的命令。[2]程颢说：“万物皆有理，顺之则易，逆之则难，各循其理，何劳于己力哉?”[3]

孟旦将理学的认知方式分为三种，即“感官之知”、“体认之知”和“道德之知”。其中，“道德之知”是心的本质功能。[4]实际上，张载早就提出“德

---

① Donald J. Munro, *The Concept of Man in Contemporary China*, Ann Arbor: University of Michigan Press, 1977, p. 28.

② Donald J. Munro, *The Concept of Man in Contemporary China*, Ann Arbor: University of Michigan Press, 1977, p. 29.

③ 《二程遗书》卷十一。

④ Donald J. Munro, *The Concept of Man in Contemporary China*, Ann Arbor: University of Michigan Press, 1977, p. 29.

性之知”与“见闻之知”的区分。“见闻之知，乃物交而知，非德性所知。德性所知，不萌于见闻。”[①] 且“诚明所知，乃天德良知，非闻见小知而已”[②]。同样，王阳明也重“德性之知”的良知，而轻“见闻之知”的经验层认知。他认为，“良知”是由本心性体自己起用，当然不假于见闻，不萌于见闻。当然，我们也应该注意，重良知并不等于说“见闻之知”不重要。事实上，良知不是一个隔离的抽象体，它随时都在感应中起作用，它必须具体流行于实事，只是不囿于见闻而已。[③]

（3）古代儒家心之“意识簇”内容之二：“情”。

与西方认识论不同，古代儒家相信：人心能投注情感于他物之中，能打破人与人、人与物之间的隔阂，也只有这样才能真正认识他物与他人。[④]例如，《孟子·告子上》中说：“理义之悦我心，犹刍豢之悦我口。”这里的“悦”实际上是一种快乐的情感。这种快乐之情，不仅伴随着道德认知和道德评价而生，像感官的感觉一样自然而生；同时，这种快乐之情还表达了一种对适宜的、正确的或善的行为的赞同和认可。

朱熹借用“体”字来表达“情感”与“认知”的关联。朱熹之“体”是指将“心”注入事物之中，而不是在事物之外或心之外（就如西方认识论主张的主客二分）。“体”的意义就在于将认知和情感都渗入事物之中，并统一两者；将“仁”渗透到所有行为之中，并实现之。可见，这种对“知识”的追求，实际上是一种“情”与“知”的“意识簇”。

“意识簇”中的情感在王阳明的作品中随处可见，它常与第三个元素——“行动意向”纠缠在一起。[⑤]他说：“良知只是个是非之心，是非只是个好恶。只好恶，就尽了是非；只是非，就尽了万事之变。”[⑥]“见好色属知，

---

① 《正蒙·大心》。

② 《正蒙·诚明》。

③ 参看王阳明的《传习录》（中卷）中《答欧阳崇一书》，他说：“良知不由见闻而有，而见闻莫非良知之用。故良知不滞于见闻，而亦不离于见闻。若主意头脑专以致良知为事，则凡多闻多见，莫非致良知之功。”

④ Donald J. Munro, *The Concept of Man in Contemporary China*, Ann Arbor: University of Michigan Press, 1977, p. 33.

⑤ Donald J. Munro, *The Concept of Man in Contemporary China*, Ann Arbor: University of Michigan Press, 1977, p. 29.

⑥ 《语录三》，《王阳明全集》，第111页。

好好色属行，只见那好色时已自好了，不是见了后，又立个心去好。”[1] 看美丽的颜色属于认识，而爱美丽的花属于行动。但是，只要你一见到那美丽的颜色，你就会喜欢上它，而不是见了后再设法去喜欢。

“意识簇”的另一表现是“某种义务的知识”或“未发的行动”要与某种情感相一致，如“孝”。关于“孝”这种义务的“知识”应该伴随着“孝”的情感，两者要相一致，否则就会出现当今社会的一幕幕让人心寒的事件。一位年事已高的老人，其子女不孝，老人无奈之下便将子女告上法庭。当地法院的法官判定让子女轮流回家看望老人，并规定看望老人的频率和次数。但时隔不久老人又找回法院说“子女虽来，但一个个愁眉冷对”，老人仍然无法面对。这个案例说明，“孝”不仅仅是某种技术或知识，而重在由内而外、自然而然的“情”。再如，公共义务的知识也要伴随着人道主义情感。有“中国首善”之称的民营企业家陈光标，一次又一次大方地捐出高额捐款，确实引起大家的敬佩。但是，他在台湾受到了质疑。笔者认为，其主要原因应该是台湾居民不仅希望看到陈光标为公共事业做出的行动，更想看到其人道主义的“真心”之情。陈光标每一次的捐款行动都被称为是敲锣打鼓、摄影摄像加媒体专访，将要捐的钱摆出来，甚至摆成“钱墙”。这与中国传统文化中做好事要“真心实意”，并追求一种润物细无声的境界有明显的冲突。

(4) 古代儒家心之“意识簇”内容之三：“意”。

“行动意向”也可用“意”（Intention）或“志”（Will）来表示，是一种促进行为生发的动力，有了“意”，公开、向外的活动才有可能。[2]当然，这一切都还在“思想”之中。“此谓诚于中，形于外”[3]，“诚于中”是指这种行动意向状态，而“形于外”则为行为。也就是说，人心中的实际德性和意念，必然会表现出外在的言行。内在活动与外在表现有着必然的联系，如果那些有歪念的人不去消除自己的邪恶意念或倾向，任凭他们如何用外在行为掩盖，也不能修其身。因此，“意”或“志”是外在行为的一道主要的

---

① 《语录一》，《王阳明全集》，第4页。

② Donald J. Munro, *The Concept of Man in Contemporary China*, Ann Arbor: University of Michigan Press, 1977, p. 34.

③ 《大学》。

“监督”[①]，用来抑制邪恶理念的产生。

心是人内在法律的制定者和外在行动的指挥者，“知”得越深，“意”外化为“行”的可能性就越大。正所谓知之越深，意之越切，行之越实。正如程颐所说：“知之深，则行之必至，无有知而不能行者。知而不能行，只是知得浅。”[②]

2. “当代”中国的“意识簇”认知方式

“当代”中国的“意识簇”认知方式因深受经典马克思主义和苏联时期马克思主义的影响，与传统的“意识簇”认知方式有所不同，但两者都相信知、情和行动意向等心理活动是密切联系的。[③]

(1) “当代”中国“意识簇”的“知”“情”合一。

“当代”中国哲学家和心理学家仍然延续传统，将“情”与“知”糅合在一起。但是，因为毛泽东是根据事物的本质和规律来认识事物和确认知识的，所以知识与情感必须在理论上分开。可是“当代”中国人相信，实际上“知”与“情”是紧密相连的、无法分开的，因为没有积极或消极的情感反应的活动，就不是认识活动。我们都知道，情感是一个人指向被反应的客体或事件的态度，情感过程与认识过程确是不同的。但是，情感既是在认识的召唤下产生的，又是随着认识的变化而变化的。[④]例如，随着对一个人的了解越深，也许就会爱得越深或恨得越深。是爱是恨，以及爱与恨的程度，都取决于我们对这个人的认识和认识程度。

这种“知”与“情”现象有主流理论的支撑，即人的情感是反映其社会本质的，具有阶级性。马克思主义坚持阶级分析方法，坚持人的精神都会打上阶级的烙印。毛泽东也说：“在阶级社会中，每一个人都在一定的阶级地

---

① 《大学》中说：“此谓诚于中，形于外。故君子必慎其独也。”如果人们将“行”仅理解为外在的、公开的活动，就很容易使一些处于“独处”之人失去监督，失去本该由“行动意向”来补救的过程。因此，君子需有慎独功夫，需有抑制邪恶理念产生的“志”。当代少数贪官，由于权力过于集中，失去外在监控后，而内在之“慎独”又同时缺失，所以贪污起来无所顾忌，且越来越严重。

② 《二程集·遗书·十五》，中华书局1981年版，第164页。

③ Donald J. Munro, *The Concept of Man in Contemporary China*, Ann Arbor: University of Michigan Press, 1977, p. 38.

④ Donald J. Munro, *The Concept of Man in Contemporary China*, Ann Arbor: University of Michigan Press, 1977, p. 40.

位中生活，各种思想无不打上阶级的烙印。”[1]因此，“焦大绝对不会爱上林妹妹”。焦大属于农民阶级，其爱好、情感以及思维方式，都不可避免地打上了阶级的烙印，他无论如何都不可能爱上这位虽才气逼人、美若天仙，但不会做饭、不会种田，还病恹恹的剥削阶级林妹妹。例如，对太阳光的认识，阶级不同的人的认知和感受肯定也不一样。也许工人或农民阶级会觉得不热，即使热他们也认为太阳有利于生产和耕种；而小资产阶级可能会觉得太热，因为太阳光的强弱影响皮肤和心情。

笔者认为，这种将认识混同情感的阶级分析方法也有其局限性，因为“灰姑娘”、“青蛙王子”的故事大家并不陌生。另外，真理是认识的成果，它是主观对客观事物的本质及其规律的正确反映，但它的内容不依赖于人、不依赖于阶级、不依赖于人类，是客观的。自然科学之真理应该是没有阶级性的，是价值中立的，这是一个共识。然而，按照阶级烙印打在真理的主观形式上的观点来看，一切真理就成了客观性和阶级性相统一的认识成果了。

（2）“当代”中国“意识簇”的“知”“行”合一。

就认识论而言，“当代”中国“意识簇”的特点之一，是要求个人必须将自己的情感与事实紧密相连，以确保正确的情感与客观的事实相一致，这在上文中已经陈述。那么，其第二个特点是，事物的“认识”与带有某种评价倾向的“行为”紧密相连。

“当代”中国“意识簇”的认识有两层含义，第一层是理解或认知，第二层是接受（to Accept），即人们有义务遵照被认识、被赞同或所反对的规则去行动。如果认识到该事物是对的，便持赞同态度去做；如果认为该事物是错误的或不赞同它，那么就不去行动。[2]如果媒体报道说“大多数干部认识到参加体力劳动的重要意义，认识到基层锻炼的重要意义”，那么就意味着“干部们理解了这个意义，接受了这个观点，并同意去落实”。但事实上，理解或认知并不等于去做，如虽然认识到去月球对我来说意义重大，但并不等于我真得去登月；虽然认识到核武器的杀伤力很大，但并不等于我一定会用核武器去杀人，哪怕我认为杀人是正确的或者是有意义的，我也不会去做。

---

① 毛泽东：《毛泽东选集》（第1卷），人民出版社1991年版，第283页。

② Donald J. Munro, *The Concept of Man in Contemporary China*, Ann Arbor: University of Michigan Press, 1977, p. 44.

另外，孟旦从“当代”中国语言中挖掘“意识簇”的内涵。如“王”[①]字，既描述了此人的社会地位和身份，属于一种事实判断；又表达了人们对此人所占地位的认可、赞同和拥护，属于一种价值判断。可见，中国的语言体现出事实与价值融合的“意识簇”特点。“意志”一词也是如此，它不仅是一种客观上的心理描述，更是一种道德上的支持、一种赞扬和认可。保守主义者的行为如果与人民的行为不一致，无论他们的意志品质如何坚定，在中国都不被当作是“意志”活动，因为人们不认可或抵制，一般会给它另一个词——“顽固”。“意义”一词也体现出“知”与“行”融合的“当代”“意识簇”特点。从逻辑学来看，“意义”实际上有“事实意义”与“价值意义”之分，“事实意义”是“知”，而“价值意义”是“情”。可是，中国人是不区分这两者的，并确信事实中已包含情感和价值取向。这样，如果人们认为某事有意义，即意味着他们应该去“行”。

由上可知，中国人论理论与政治理念、政府信念相关，并贯穿于古代儒学和“当代”马克思主义理论之中。从心理观上看，与西方主流观点不同，古代儒学“拒绝区分思维、感情以及行动的动机等心理过程。这一观点依旧存在于当代中国”。从政治上看，“接收政治中央的全部权威。这种权威通过巨大的官僚机器，通过试图规整中国人民的思想来进行统治。同时，这种规整是通过全国性的官方模范人物，通过学校和工作单位的道德、政治教育实现的”[②]。

另外，中国人的思维笼统而模糊、直觉而神秘，价值判断融入了事实判断，情感融入了认识，并将“有什么思想观点”等同于“有什么行为”。这些思维方式既有认识论上的合理性[③]，也有符合人性发展之处，但也可能带来一些政治灾难和危险。首先，当这种“意识簇”认知方式与“当代”中国人的可塑性相连时，当认识活动与载有价值判断的情感和行动意向完全相协调的时候，便能产生一种独特的中国政治和谐哲学理念。但是，当我们将人

---

① 类似的词语还有“同志”、“战友”、“领导”等。

② 安延明：《探究儒家伦理学的实践内涵：访孟旦教授》，载哈佛燕京学社、三联书店主编：《儒家与自由主义》，三联书店2001年版，第220页。

③ 西方认识论主张“事实”与“价值”二分、“是”与“应该”不同，但中国传统的这种“意识簇”认知方式也有其合理之处。如人类对事实的鉴定真的“客观”吗？真的不会融入“情感”吗？这些都是值得商榷的。

性的主要本质归为社会性，并过分强调后天在人性形成中所扮演角色的重要性时，“当代”中国人容易滑向人性完全可塑[①]的境地，甚至相信人可以在短时间内得到改变。这样国家就有了“培养”人的义务和权力，甚至这一义务和权力还被提升到政治任务的高度。这样，国家就具有“统一”意识的合法性，如果它不能得到合理利用，就容易导致专制。其次，当中国人主张价值判断的情感与行动意向一直伴随着事实认知的整个过程的时候，国家“培养”人民思想的主要职能便得到合理化。这与西方政治不同，西方政府绝不干涉私人空间，绝不干预人的思想或心，因为“人们的思想是不能去试的，只有魔鬼才能知道人们的想法”。而中国政府不仅可以关心人的外在行为，更有义务关注人的内在世界，因为“人民所想”就等于“人民所做”，所以必须统一思想和意识。最后，由于他们坚持“意识簇”认知方式，过分信任思想教育的手段，所以在中国历史的几个关键转型期，很多哲学家和政治家都选择了教育改革的措施。他们坚信只有这样才能保障人民走上健康、正确的道路。教育确实是一种十分重要的促进社会进步与发展的手段，但经济、政治和宗教等也都发挥了重大作用，甚至作用更大。

① 儒家也相信人有相同的普遍性，且是与生俱来的，如“仁”和“评价之心”等，但是这种天生的共同特征是不可改变的。因此，“当代”中国政府要培养有道德的“新人”，只能从后天出发，采用教育等手段去完成任务。

四、中国政治哲学中的“整体主义”特征

大多数学者认为，西方是个体主义的，中国是整体主义的；而孟旦却认为，这种绝对划分实际上只是将现代西方与古代中国之思想进行的比较。事实上，中西古代人的世界观和价值观十分类似，且古代中国也不缺乏“个体主义”精神。

孟旦的三部巨著，从先秦到宋代再到“当代”，上下两千多年，一气贯通，前后相连。在这些研究的基础上，孟旦打破了时空的限制（无论古今中外），将中西政治哲学和人性论之比较全部放到整体主义（Holism）和个体主义（Individualism）的框架下进行思考。因而，在他编的《个体主义与整体主义：儒家和道家的价值观研究》（*Individualism and Holism*: *Studies in Confucian and Taoist Values*）一书的序中，孟旦以这种方式阐明了中国人论和政治哲学的整体主义特征。

（一）中国“整体主义”价值观的含义及特征

孟旦认为，中国的“整体主义”价值观主要是指社会等级系统中的角色履行的价值观、相关性的价值观、部分与整体之间的和谐性和物我统一性的价值观以及人与天地共同创造万物的价值观。这些价值观与现代西方人的价值观有着十分显著的区别，对此他做了认真的研究。①

他说，社会等级系统中的角色履行的价值观，是中国“整体主义”价值观之一。家庭的“义务”和“合法的期望”是社会等级系统中的角色功能的体现，而不是构成人的具体特性（如人的需要、兴趣和权利）的功能的体现。相反，西方个体主义者的价值观提倡的是：构成人的特性的“义务”和

① Donald J. Munro, *Individualism and Holism*: *Studies in Confucian and Taoist Values*, Ann Arbor: University of Michigan Center for Chinese Studies, 1985, pp. 20-21.

“期望”是指人拥有的作为人的特性（如人的需要、兴趣和权利），而不是具体的角色位置。因为个体拥有特殊兴趣和表达这些兴趣的需要，便产生了一种允许人的兴趣和需要发展的政府责任义务，人的自主能力又能引导他去执行这些被允许的希望。[①]通俗地说，中国人是为“义务”和“期望”而活，为“天”而活的；而西方人是为个人的需要、兴趣和权利而活，为个人而活的。

整体主义的“相关性的价值观”包括上述“社会等级系统中的角色履行的价值观”，但比它更加广泛。人们必须同其他事物相联系，因为人们都是由同样的生理材料构成、用同样的秩序之“理”说明，所以人们要尽可能地去认识他人和他物，才能对他人和他物产生同情和共鸣，以打破人们认识他人和他物的心理障碍。如孟子和理学家们都将“心”作为这种交流的代理，也将这种连接自己与他人或他物的功能作为“心”的主要功能。有了这种同情和共鸣，个体便能打破心理上的障碍，更加充分地认识他人或他物。道家也认为，在社会等级系统中，履行角色作用的“自我”会随着万物平等态度的加强而逐渐消失，这是一种与“道”共同扩展的状态。中国的佛教也有类似的观点，认为人们不应该去思考作为自由存在的自我和佛法。但要注意的是，儒家也承认“自我消解”是不可能的，因为这只有少数的圣贤才能做到。[②]总的来说，中国人的“我”与他人或他物是融为一体的，而西方是“人我两分”的。

部分与整体之间的和谐性与物我统一性的价值观，是整体主义价值观的表现之一。作为部分的个体能在其精神中获得和谐，就像他的所有情感都能通过恰当的方式表达出来一样；个体在社会整体中也能和谐，就像社会群体（如家庭）的位置占有者履行他们的功能，又不跨越伴随这些功能而来的义务或期望的界限一样。而出现于西方个体主义思想中的一个核心价值观是“竞争”，这恰恰是中国整体主义思想所缺乏的。[③]另外，儒家“天人合一”的思想则表达了“物我统一性”的价值观。学习上的“贯通”与“开窍”是

---

① Donald J. Munro, *Individualism and Holism: Studies in Confucian and Taoist Values*, Ann Arbor: University of Michigan Center for Chinese Studies, 1985, p. 20.

② Donald J. Munro, *Individualism and Holism: Studies in Confucian and Taoist Values*, Ann Arbor: University of Michigan Center for Chinese Studies, 1985, p. 20.

③ Donald J. Munro, *Individualism and Holism: Studies in Confucian and Taoist Values*, Ann Arbor: University of Michigan Center for Chinese Studies, 1985, p. 20.

指对无区别的统一体或整体中的事物的广泛理解。当然，这不像西方人那样去穷尽事物特殊性的知识，而是将认知意识和情感反应融合在一起，克服自我与他物、内与外的二分的理解，即“心外无物”。①

孟旦还说，“人与天地共同创造万物的价值观”扎根于《中庸》，在宋明时代显得特别重要。有“诚”之人将其生命注入他要认识的客体之中，并有意识地去关心该客体。对个体而言，个人的发展要求他服从于“天地”，并使自己的变化符合自然的方式，如不锄草、养育幼苗、挽救怀孕动物的生命、保护孕妇以及安慰老人等。儒家通过这些行动使人成为天地的合作者或共同的创造者。而西方人在制定自然法则的工作中，则很少强调上帝要求一些人去协助他，因为他们认为上帝是至高无上的，是全能的，无须人类的帮助。②

（二）中西方价值观之“和”与“不同”

以上孟旦阐明了中国“人”之概念的整体主义特征，十分精辟。但笔者认为，孟旦在《个体主义与整体主义：儒家和道家的价值观研究》中的最大贡献不是对整体主义的特征的介绍，而是批驳了大多数人所说的“西方是个体主义”而“中国就是整体主义”的绝对划分。

孟旦经过深入研究，最后断定：中西古代人的世界观和价值观十分类似。文艺复兴前的西方人与古代中国人的世界观和价值观没有太大不同，他们都倾向于整体主义。“西方就是个体主义”和“中国就是整体主义”的绝对划分实际上是将现代西方与古代中国的思想进行比较。③

孟旦认为，儒家的整体主义的价值观之一是社会等级制系统中的角色履行以及认知、情感与自我之外的事物相互联结，这种价值观在柏拉图的《理想国》中也得到同样的论述。④如柏拉图把灵魂分为三个等级，“神”用金、银、铜造出三种不同的人，他们分别充当统治者、辅助统治者的人和从事劳

① Donald J. Munro, *Individualism and Holism: Studies in Confucian and Taoist Values*, Ann Arbor: University of Michigan Center for Chinese Studies, 1985, p. 21.

② Donald J. Munro, *Individualism and Holism: Studies in Confucian and Taoist Values*, Ann Arbor: University of Michigan Center for Chinese Studies, 1985, p. 21.

③ Donald J. Munro, *Individualism and Holism: Studies in Confucian and Taoist Values*, Ann Arbor: University of Michigan Center for Chinese Studies, 1985, p. 22.

④ Donald J. Munro, *Individualism and Holism: Studies in Confucian and Taoist Values*, Ann Arbor: University of Michigan Center for Chinese Studies, 1985, p. 22.

动的人，并且三种灵魂分别同人的理性、意志和欲望呈现等级制的对应。

儒家的另一个“相关性价值观”在柏拉图学派、新柏拉图学派以及奥古斯汀那里都可以见到。就连中世纪的许多哲学家对国家和宇宙的考虑都是从整体主义出发的，并且是在机体论的基础上建立起来的。例如，柏拉图在《理想国》最后一章中讲道：无论整体是宇宙、城市、部落、种族或其他集体，个体应该有益于整体的利益，部分因为整体的存在而存在，但是整体却不是因为部分的存在而存在。①

另外，我们仔细比较一下中世纪的欧洲哲学家与程朱理学家便知：中世纪欧洲哲学家的作品中，即使内容的细节不完全吻合，但是文中的思想（如各安其位的事物之间的和谐性以及宏观与微观的联系性）都与程朱理学家所坚持的那些思想产生了共鸣。②所以，孟旦说：“一直到18世纪，许多西方哲学和中国哲学的价值观和形而上学理论之间都是相一致的，两者都可以最为精确地被描述为整体主义。”③

孟旦认为，事实上，西方现代人与中国古代人的价值观确有不同，其不同可以说成是“个体主义”和“整体主义”之间的区别、“多与一”和“部分与整体”之间的区别。④

他说，儒家都赞同事物是作为整体的完整部分而存在的。如在宋代，哲学家根据相互联系的社会角色的功能来解释人，这种社会角色形成了等级制的社会秩序的部分，而社会秩序又是宇宙秩序的部分。且整个宇宙又融为一体达到“天人合一”的状态，所以个人与社会之间的关系是“部分与整体”的关系，而不是“多与一”的关系。万物由单一秩序之“理”渗透其中并由“理”将万物联结在一起，同时“理”又呈现于每个具体事物之中，所以这是“一”而不是“多”。另外，“部分与整体”的解释经常是建构在对“心”的考虑之下的，如佛教与理学只说“宇宙之心”，且每个人都拥有这种“宇

---

① Donald J. Munro, *Individualism and Holism: Studies in Confucian and Taoist Values*, Ann Arbor: University of Michigan Center for Chinese Studies, 1985, p. 23.

② Donald J. Munro, *Individualism and Holism: Studies in Confucian and Taoist Values*, Ann Arbor: University of Michigan Center for Chinese Studies, 1985, p. 23.

③ Donald J. Munro, *Individualism and Holism: Studies in Confucian and Taoist Values*, Ann Arbor: University of Michigan Center for Chinese Studies, 1985, p. 24.

④ Donald J. Munro, *Individualism and Holism: Studies in Confucian and Taoist Values*, Ann Arbor: University of Michigan Center for Chinese Studies, 1985, p. 18.

宙之心”。这种观点与西方人所持有的“心”之图像有着很大的差异，西方人的“心”是一个直接地和个别地由每个人拥有的“心”，即是“多心”而不是“一心”。[①]

关于这一点，陈汉生也有类似的观点，他说：“汉语激发起来的是部分—整体二分法，而不是一与多的二分法。我认为这有助于说明不仅缺少柏拉图主义，而且也缺少心灵主义（Mentalism）和概念论的心灵哲学。这种哲学的发展是建基于涉及意义的抽象图式之上的（如概念论），而且这种哲学甚至在中国人的思维中也是难以到的。”[②]

综上所述，中西方伦理思想中都有“整体主义”的价值观，这一点孟旦已作出明确的回答。那么在中西方伦理思想中是否都有“个体主义”的价值观呢？

（三）古代中国的“个体主义”精神

一般来说，大多数人认为中国没有个体主义价值观。但是，孟旦却不以为然，他认为中国古代特别是现代，个体主义思想是十分明显的，即使没有西方那么强烈，但其可在哲学、文学以及心理学等领域中见到。

孟旦首先研究了西方个体主义理论的历史沿革与特征。他认为，西方个体主义的历史最早可追溯到古希腊的智者学派和伊壁鸠鲁学派，然后到文艺复兴时期的怀疑论者蒙田（因为蒙田注意到人们有不同的欲望，所以人们就应该对生活有不同的观点），再到 18 世纪末德国浪漫主义学派从伦理上和政治上播撒了个人主义的种子，强调人的独特性和创造性的价值观。在此过程中，密尔和杜威算得上是沟通德国思想与美国读者的两座桥梁。[③]

孟旦认为，西方个体主义的特征主要表现在个人有隐私权、自主权、受尊重的权利等方面。

“隐私权”是现代自由主义者的首要价值观之一，它是指个体的思想和

① Donald J. Munro, *Individualism and Holism: Studies in Confucian and Taoist Values*, Ann Arbor: University of Michigan Center for Chinese Studies, 1985, pp. 18 – 19.

② [美] 陈汉生著，周云之译：《中国古代的语言和逻辑》，社会科学文献出版社 1998 年版，第 4 页。

③ Donald J. Munro, *Individualism and Holism: Studies in Confucian and Taoist Values*, Ann Arbor: University of Michigan Center for Chinese Studies, 1985, p. 3.

行为领域不受公众或政府侵犯。产生信仰的隐私权在宗教历史中有其源泉，如基督教要求保留一个自由的领域，让宗教意识可以对抗市民政府的权威。这样，这种信仰又扩展到所有只要不危及他人利益和自由的领域。密尔的价值观意义上的隐私权，是作为纯粹个人或私人的行为，完全不涉及公共事业，同时他强烈反对公共社会干涉私人行为。①

“自主权”指一个人是自主的，他的行为由他自己作出选择，而不是受个体之外的人或物的限制或恐吓。伊壁鸠鲁声称，自由意志的呈现将人类从命运的抑制下解放出来。也就是说，他的行为不仅是其身体的结果，不仅是环境中先前的原子状态的结果，而且还是其自由意志的结果。早期基督教也声称人类可以自由地肯定或否定上帝的法令。中世纪欧洲的思想家也坚持人类能够明确行为的理由，接着进行选择，因为人类有理性的能力，这种能力能使人类独立于欲望和其他物质的影响。可以说，“自主”是现代欧洲人关于“什么是人”之观点的核心词汇。康德应该是对现代西方的“自主”价值的形成贡献最大的人。②

“受尊重的权利”是西方近代发展的产物，但其思想根源可以追溯到柏拉图时期。柏拉图认为，理性是人类最崇高的部分，是最接近神谕的部分。亚里士多德也说，实践的和理论的理性是人类特有的，也是最好的东西。因此，个体因具有这最崇高的理性，而应该受到尊重。另外，宗教人士也认为，每个人都有神的灵魂，并且该灵魂由上帝之像所制；又因为人的价值都是以理性为中心的，而理性又永驻于灵魂之中，所以上帝应平等地爱每一个人，每一个体也都应该受到尊重。而对康德而言，个体值得尊重是因为他们能通过理性去认识至高无上的道德原则。③

那么，中国的“个体主义”价值观的历史沿革与特征又是怎样的呢？孟旦回答说，汉朝末年，“异”（Singularity）就已经变成了一种确定的价值观，一个有个性的人会受到大家的欢迎，反过来，“同”就会受到蔑视。这在

---

① Donald J. Munro, *Individualism and Holism*: *Studies in Confucian and Taoist Values*, Ann Arbor: University of Michigan Center for Chinese Studies, 1985, p. 8.

② Donald J. Munro, *Individualism and Holism*: *Studies in Confucian and Taoist Values*, Ann Arbor: University of Michigan Center for Chinese Studies, 1985, p. 11.

③ Donald J. Munro, *Individualism and Holism*: *Studies in Confucian and Taoist Values*, Ann Arbor: University of Michigan Center for Chinese Studies, 1985, p. 14.

《人物志》和《世说新语》两书中都有大量体现。[①]

六朝时，人的独特性成为上层人物清谈的主题，其中嵇康便是一例。他超凡脱俗、敢于在自发的倾向中表达真实的自我。宋明理学家虽然认为人的“天地之性”相同，但人的“气质之性”是不同的。同时他们也认识到因为人的个性不同，所以其“成圣”的道路也是多种多样的。[②]

“心学”家的个体主义思想更加突出，王阳明便是其中的一个重要代表。对此，狄百瑞有这样一段叙述，他说：“人可以为圣之思想，惟阳明之良知之重心在道德觉心，而王艮之良知则以自我为事物之中心。是以阳明重心而王艮则重力。换言之，王艮以自我为根、社会为叶。其淮南格物之说，在安己以安国家，正己以正人，明哲保身，皆向个人主义发展。何心隐以自我表现比自我约束为重，又以神气为至上。是以由阳明人性为心内理之活动之观念与王艮之推重肉体与道德之我，进而为从传统束缚之中解放自我。有主张欲不可无，但可以化公为私。李贽为明代个人主义之最高峰。其说为本性清净，人人各有特殊之处。是以各应安处其为自我。李贽又发挥王艮百姓日用即为道体之说。可见其个人主义之至为剧烈。”[③]

在近代，胡适便是个体主义思想的杰出代表。他受到美国民主思想的影响，又受到其师杜威的影响。因此，他的个体主义思想集中于人的个性成长以及知识分子的自由判断之上。他反对人们对等级制的顺化以及对传统儒家价值观的顺从，也反对人们将人的个性成长与这种顺化思想并置起来。他相信，具有个体主义思想的知识分子，一定能够通过教育逐步转化中国人为一个个独立个体。[④]

但笔者以为，在儒家教义中，圣人的共同特征是作为公众理想的模范，人的个性不同主要在于“气”之不同。这样，人们的目标是圣人的共同特征，而不是人的特性。也就是说，中国人追求的“个性”实际上是追求一种

---

① Donald J. Munro, *Individualism and Holism: Studies in Confucian and Taoist Values*, Ann Arbor: University of Michigan Center for Chinese Studies, 1985, p. 4.

② Donald J. Munro, *Individualism and Holism: Studies in Confucian and Taoist Values*, Ann Arbor: University of Michigan Center for Chinese Studies, 1985, p. 4.

③ 转引自陈荣捷:《王阳明与禅》，台湾学生书局1984年版，第163页。

④ Donald J. Munro, *Individualism and Holism: Studies in Confucian and Taoist Values*, Ann Arbor: University of Michigan Center for Chinese Studies, 1985, p. 7.

共同的目标，是“同”而不是“异”。

当然，孟旦也承认，从严格意义上来说，中国是没有西方现代意义上的个体主义的。他说，中西方虽然都有自己的“个体主义”价值观，但其内涵有着明显的不同。

首先，在个体的意识里具有相同理性的能力的前提下，许多欧洲哲学家希望，能够在个体的情感生活中找到独一无二的东西。他们也许会惊奇地发现，儒家认为一些十分重要的道德情感都是一样的，因为儒家认为所有的人都先天具有共同的道德感。这暗示了欧洲人所期望的情感独一无二性，也许在儒家那里已经被专制了。一旦欧洲的范式在这个方面受到挑战，接着便会带来一个补充性的问题，即“理性思考”是否也像情感那样具有不同性呢？无论如何，在中国儒家那里，情感与理性没有类别的差异，儒家很容易获得一种理想化的共同性——即认知与情感反应在圣人处是混淆的、相通的。[①]

其次，孟旦认为，理学家是在公共领域内（特别是在官位上）完成他的自我实现过程的。在这个位置上，高度公式化的角色类型是与个体不一致的，因为儒家的个体是指从官位上退下来的个人。而德国的个人主义者在进行艺术创造或者专心关注于周围世界的美时，热衷于自我的实现。在这些艺术创造中，个体主义者将其主观性绘制到他的个人经历之中。进一步说，创造独一无二性是德国人有关自我实现的思想道德目标的核心，但不是儒家道德目标的核心。儒家的道德目标是追求“仁”和“善”，这不是个人独一无二的目标，而是所有人天生具有的共同特征。[②]

最后，孟旦说，中西方个体主义思想中最基本的不同应该是：西方哲学家很容易错误地将“慎独”和“内省”意义上的主观性以及主观性在自我发展中的作用，同个体性或独一无二性相等同。而在中国，这两个概念在个体处于暂时的情感或动机状态时有所重叠，但是儒家将主观性当作是被保留或被提升的东西，却不当作是独一无二性来对待，因为这个主观性应该完全遵

---

① Donald J. Munro, *Individualism and Holism*: *Studies in Confucian and Taoist Values*, Ann Arbor: University of Michigan Center for Chinese Studies, 1985, p. 6.

② Donald J. Munro, *Individualism and Holism*: *Studies in Confucian and Taoist Values*, Ann Arbor: University of Michigan Center for Chinese Studies, 1985, p. 6.

循“评价之心”，完全遵循先天道德感这种共同的东西去发展。由此可见，主观性与现代个体主义所宣称的个体性是不一样的。[①]

无论如何，笔者还是赞同孟旦对中西方“个体主义”内涵的区别，因为西方把个体主义推崇为创造力和独创性的标志，而在中国，发展人格是通过把个体中普遍存在的情感一体化，从而达到某种相互依赖性。这种中华民族精神气质是主张通过习惯的传统的内在规范，以表达特殊的感情和行动。儒家认为，个人的偏离传统或同传统背道而驰的行为出自人的利己动机，是他们对传统的背叛。

但是，美国学者安乐哲在《古典儒学中的中心：区域式自我》中对孟旦的“自我”观提出了批评。他说：“孟旦等学者的说法实际上是黑格尔描绘的那种‘空心人’模式的变种，他们只注意到中国传统自我观的一个方面，即从人的社会性，从人与人的关系方面规定自我，以为在中国传统中群体的利益与个体的利益完全相互排斥。实际上儒家肯定人们之间的相互依赖并不是抹杀自我，避免自私的念头并不必定导致压制自我。儒家反对自私是因为它妨碍个体的精神成长和自我实现。”[②]笔者认为，这样的批评虽有些道理，但安乐哲并没有完全驳倒孟旦的观点。因为儒家伦理既偏重人与人、人与社会之间的关系的和谐，又注重社会整体的安定平和，但它在本质上不能超脱家庭或家族的自然关系网络，所以它既不能真正建立起全民性的集体主义价值坐标，也不能培育出以平等、民主、自由和人格独立为价值基础的人道主义道德精神。

笔者倒是赞同孟旦将中西方个体主义和整体主义加以对照，赞同孟旦对一些人的观点（如以“整体主义”归为中国，以“个体主义”归为西方的观点）进行批评。其实，儒家的基本原理与现代西方的民主政治理念是可以兼容和接轨的。兼容的因素并不只在于“民本”、“民为贵”等表层理论主张，而在于儒学一些更深层的基本原理。比如，儒家以代表“天意”的“民意”为政权合法性的基础，符合西方民主政治的权利观；儒家的“性善论”可以用来论证民主制度的合理性；决策论意义上的“中庸”也符合由多数做决定

---

① Donald J. Munro, *Individualism and Holism: Studies in Confucian and Taoist Values*, Ann Arbor: University of Michigan Center for Chinese Studies, 1985, pp. 6 – 7.

② 转引自施忠连：《近十年美国儒学研究之进展》，载上海中西哲学与文化比较研究会编：《时代与思潮》（第六期），学林出版社 1998 年版，第 229 页。

的民主原则，也体现了对少数人和弱势群体的照顾；“特立独行”的精神可以与个人自由精神接轨，等等。

美国学者狄百瑞也有与孟旦类似的观点，他在《理学与人权》中写道：“人权思想并非西方所独有，中国儒学中也包含了不少与人权观念相关、相似、相通的思想。儒家的‘仁’构成了人道主义的思想基础，儒家关心人的现世需要，最富有人文精神，孟子的人人皆有善性等都是与人权相似的。”①

由上可见，在以儒家思想为主流意识形态的中国传统文化中，“天地”被看作是人的类性生命之本，祖先被看作是人的个体生命之本，集中代表了文化精神与民族文化生命的“圣贤”则被看作是人的文化生命之本；而在西方文化传统中，“理性”被看作是人的类性生命之本，自由被看作是人的个体生命之本，“民主”则被看作是人的文化生命之本。总之，儒家文化中的个体主义价值观，正如孟旦所述那样，既与西方个体主义价值观有相同的地方，但因为文化背景不同，所以又有其独特的个性。

① 转引自施忠连：《近十年美国儒学研究之进展》，载上海中西哲学与文化比较研究会编：《时代与思潮》（第六期），学林出版社 1998 年版，第 229 页。

五、"政治认识论"与中国人的基本思维方式

在政治层面和认知层面上，中国人具有一种不同于西方的"帝国式求索模式"。中国人的政治认识论是指一种将求知与求德融合，将价值与事实融合，将人与自然融合，并强调国家政治权威至上，追求集体主义的认识论传统。在这些特殊的政治哲学和社会公理背后，隐藏着中国人的基本思维结构。如象喻思维方式、"意识簇"认知方式、"帝国式求索模式"政治认识论以及"整体主义"思维方式等。它们纷纭复杂，但都有某种类似于家族特点的共性。

（一）帝国式求索模式的"政治认识论"

孟旦在《二十世纪中国的帝国式求索模式》（*The Imperial Style of Inquiry in Twentieth Century China*）一书中，总结了中国认识论、伦理观和政治观，创造性地提出了一个新的概念——帝国式求索模式。所谓"帝国式求索模式"①，从历史上看，它是指萌芽于孔孟时代，成熟于宋明理学，并得到元、明、清等历代皇朝支持，甚至一直影响到20世纪的认知模式；从内容上看，是指一种将求知与求德融合，将价值与事实融合，将人与自然融合，并强调国家政治权威至上，追求集体主义的认识论传统。这种传统在20世纪由熊十力、梁漱溟、贺麟等哲学家和孙中山、毛泽东等政治家的共同推进下，成为

---

① 安延明教授将"The Imperial Style of Inquiry"翻译为"皇家研究方式"［安延明：《美国汉学家孟旦（Donald J · Munro）》，《世界哲学》2009年第1期］，笔者觉得翻译为"帝国式求索模式"，较为贴切一些。一者因为安延明教授的翻译给人感觉是专指"皇家"人群的认识或研究方式，其实这里应该是指处于帝国时代的全部中国人所具有的那种特殊的、与西方截然不同的认识和探索方式。二者因为孟旦在书的序言中（Donald J. Munro，*The Imperial Style of Inquiry in Twentieth Century China*：*The Emergence of New Approaches*，Ann Arbor，MI：Center for Chinese Studies，1996.）明确提出其有时可称为"儒家式求索模式"（"Confucian Style of Inquiry"）。

一种"政治认识论"①。

从历史上看，"帝国式求索模式"最初产生于整体宇宙的概念之中。"天下"宇宙观②以宇宙天地空间为依据建立宗法伦理秩序，再以宗族礼法为基础来规范国家秩序。这种自然—伦理—政治的三位一体宇宙观在《大学》里得以发展，并构建了天下、国、家、身、心体系，提供了一个由心到国家社会秩序的模式。从宏大宇宙到心灵道德，从外向之天到内在之心，宇宙天地与人的心灵都打上了"天人合一"的烙印。

汉代董仲舒又提出"天不变道亦不变"，认为天地与阴阳相配，天尊地卑，华夏与四夷相己，尊王攘夷，最终形成政治权威、道德权威与文化权威三合一的王权"天下"。

但"帝国式求索模式"成熟的直接来源应该是宋明理学。以朱熹的"道心"和王阳明的"良知"为核心，强调先天道德感总是与外在条件相适应的。圣人之心已明，无须分析和计划，在活动时便能"从心所欲"，自发地作出与客观条件相一致的恰当反应，做到人与宇宙的和谐一致。

这种模式不仅贯穿了中国古代几千年，甚至一直影响着20世纪的现当代中国。20世纪初，孙中山深受王阳明思想影响，强调"心"和道德的重要性，认为救国之路首要的应该是对中国人心的拯救。这一思想在鲁迅的《藤野先生》一文中也可以见到，如他"弃医从文"的出发点和对"中国留日学生的欢呼"的憎恨，无不流露出这种模式的端倪。孙中山还提出"知难行易"，认为真知只有少数精英人士可以获得，所以难；常人虽知难，却可以做，做起来较"易"。他甚至还提出，社会科学家的知识观并不产生于科学，而产生于政治价值观。③这些，都能找到古代帝国式求索模式的影子。

---

① 这里笔者采用安延明"政治认识论"［安延明：《美国汉学家孟旦（Donald J · Munro）》，《世界哲学》2009年第1期］的说法，因为"帝国式求索模式"突出表现求索的政治本质、在传统教育中的作用以及在科举考试中的作用，不仅涉及认识论、伦理学，更涉及政治学，且更多强调皇帝式外在权威的作用。当内心认知与外在权威冲突时，人们须依赖于外在权威。

② "天下"在春秋战国时已被频频使用，如道家的"圣人抱一为天下式"（《老子》22章），"故贵以身为天下，若可寄天下；爱以身为天下，若可托天下"（《老子》13章），"以天下观天下，何以知天下之然哉"（《老子》54章）等。儒家的"自任以天下重"（《孟子·万章》）和"古之欲明明德于天下者，先治其国，欲治其国者，先齐其家，欲先齐其家，先修其身，欲修其身者，先正其心，欲先正其心，先诚其意"（《大学》）等。

③ Donald J. Munro, *The Imperial Style of Inquiry in Twentieth Century China*: *The Emergence of New Approaches*. Ann Arbor, MI: Center for Chinese Studies, 1996, p. 35.

甚至熊十力、梁漱溟、贺麟等哲学家也逃脱不了古代帝国式求索模式的影响。例如，梁漱溟在《乡村建设理论》一书中，为当时中国的社会改造和教育改革提供认识与解决中国问题的新思想和新方法。但他仍然坚持乡约组织建构成功与否的关键在于人们的“信心”，所以需要培养人们的“志气”。在该书的附录“我们的两大难处”一文中，他又指出：乡村建设必须依靠教育手段，通过社会组织的重建和现代科学生产及生活知识的灌输，来解决中国的政治问题和促进农业经济的复苏与振兴。他提出伦理本位的中国社会结构是超稳定的，“只有周期性的一治一乱而无革命”，秩序所赖以维持的不是国家法律，而是“教化、礼俗、自力”。伦理秩序的好坏，直接关系到国家政治秩序的稳定与否。

20 世纪中叶，帝国式求索模式与东进的西学、苏联文化以及马克思主义思想发生冲突或融合，同时在中国大地产生了多种新的模式，如延安模式、苏联模式、大庆模式和改革模式等。延安模式是传统的帝国式求索模式与东进的西学认识论相结合的模式，既主张“正人心”、“化万民”和“大一统”的思想，又强调发挥主体作用，强调客观认识的重要性，呼吁从实际出发，反对本本主义。但随着苏联模式的引进，传统的帝国式求索模式逐渐占据主导地位，客观认识论逐渐消退。直到 20 世纪 80 年代，邓小平主导的改革模式才将传统模式与西学认识论模式并重，更加重视个体的作用，强调实事求是和一切从实际出发。①

从内容上看，“帝国式求索模式”主要包括求“知”、求“德”以及解决社会实际问题的求“实”模式。

首先，它是一种求“知”模式。此“知”有别于西方哲学语境的知识。儒家主张，真理和道德原则藏于心中，对外真理的求索实乃印证心中之理罢了。中国人的“知识”不是描述性、经验性的，不是从客观的数据中推理出事物之间的本质联系，不是追求“是”的问题，而是去认识事物的生长过程，去找寻人与自然的一致性，以及其伦理目的、等级关系和它们之间的相互作用，偏向于价值的追问。②笔者认为，这种将求索的范围仅限于人与人之

① Donald J. Munro, *The Imperial Style of Inquiry in Twentieth Century China: The Emergence of New Approaches*. Ann Arbor, MI: Center for Chinese Studies, 1996, p. 4.

② Donald J. Munro, *The Imperial Style of Inquiry in Twentieth Century China: The Emergence of New Approaches*. Ann Arbor, MI: Center for Chinese Studies, 1996, p. 21.

间的关系，将对象仅限于人与自然共有之事，将方法仅限于用“天人合一”式的研究，必然会偏离科学，缺乏科学精神。假如用这种模式来解决当今的科学问题，则科学研究不再是从问题本身出发，而是转变成研究科学家们之间的社会关系问题，转化为研究人与人之间的关系问题，转化为研究人与自然之间的关系问题，这是违反科学规律的。

朱熹主张“移情式”的“体察”法，将心注入要认识的事物，这与西方认识论的“主客二分”、“情感与事实分开”的路径大相径庭。①

类似于西方所说的真理，即朱熹的“道心”和王阳明的“良知”，它们都来之于心（当然，我们也要注意：朱熹与王阳明在真理的确认途径和方式上不尽相同，甚至在某些地方相互对立。关于这部分内容，笔者将另作研究，此处不详述）。一方面，这种模式强调了“正心”的重要性，只有“正心”方能获得藏于内在的真理与道德原则。这虽然对解决问题十分重要，但如果忽视解决问题的外在客观因素，如环境、技术、材料等，甚至被“正心”所掩盖，则会陷入“唯意志论”的泥潭。另一方面，关于真理，当外在权威与心中之理相矛盾时，最终服从最高“政治权威”。这样，中国人似乎将知识论变成了一种“专制”。

其次，它也是一种求“德”模式。儒家认为，知识从数量上看是不能增加的，从性质上看则有等级之分。科技知识属于最低级的知识，乃雕虫小技也。真正的知识是对良知的把握，是一种参透“天人合一”的境界，是一种德性之知。

再次，它还是一种求“实”模式——解决社会实际问题的模式。“帝国式求索模式”是一种以榜样塑造为手段，用模范仿效来解决实际问题的模式。通过榜样塑造，可以“正人心”。政府通过塑造政治和道德的楷模，以统一人们的思想、统一人们的行为。这种手段不是科学求知的方法，但政府认为它可以排除异己、排除个人观点、排除非传统的判断，一切以榜样为标准统一认识，为政治统治服务。这种手段虽效率高，也可防止毁灭性的竞争，但很容易导致家长制作风。虽然“榜样”很形象地代表了国家价值观的取向，普通民众无须研究抽象的伦理规则和高深的政治理念，只要模仿即可，

---

① Donald J. Munro, *The Imperial Style of Inquiry in Twentieth Century China: The Emergence of New Approaches.* Ann Arbor, MI: Center for Chinese Studies, 1996, p. 24.

但这易于忽略人的个性化特征，易于背离“具体问题具体对待”的科学方法论，易于将“榜样”模式化、理想化、神圣化，实际上扼杀了“榜样”本身①。

笔者认为，这种模式在强调模范仿效作用的时候，似乎有些盲目。盲目强调人的先天“自然平等”，而忽视人在生理上不可避免的差距以及时势与环境变化等因素，很容易陷入机械论的困境。如一弱智儿童在模范引导下，能成为毛泽东式的伟人吗？再出现一个类似于陈胜、吴广式的人物和下雨的天气，能再来一次农民起义吗？

无论是政治问题、认识问题还是伦理问题，中国人多顺从前辈解决问题的方法，乐意遵循传统的认知模式，将解决问题的最终决断权交给政治权威。因此，皇帝自然而然地拥有了最高、最终的决断权。

从性质上看，它最重要的特点是将认识与方式的标准归于外在权威，整体主义、集体主义和“天人合一”是其最基本的样态。

第一，“帝国式求索模式”与“天人合一”理念一致，相信人的社会秩序与自然界天的秩序密切相关。

我们首先应该承认人类的实际活动是在自然界之中进行的，并确实相互产生影响。这种密切相关性我们已经得到印证，如当代的环境污染问题、生态平衡问题等。但是，我们也应清醒地认识到：这种模式以人类同自然界的相互依赖性，将人类的命运或价值观完全归于日、月、星、辰的自然运行，将人类的本质特征与自然界的本性等同起来，将人类有目的性、有意识性等价值特征归于自然界盲目性的事实，那是错误的。这既不利于对人类社会作出公正评价，也不利于对自然界进行科学分析。虽然自然界与人类社会在某些方面会有重叠，但绝不能将人类的价值分析归于自然界的科学分析。

第二，“帝国式求索模式”建立在“整体主义”理念之上。

“整体主义”的主要理念有：认知上的“天人合一”、主客不分和良知与外在权威一致，政治上的家国天下统一和集体主义原则，哲学上的体用一致和知、情、意一致等。实际上，“世界上的每一个事物都是这个宇宙整体的一部分，并黏附于整体，从内在上、本质上构建整体。整体是一个和谐一致

---

① 例如，20 个世纪六七十年代的样板戏，剧中的英雄形象呈现出鲜明的玩偶特征，成了政治工具化的直接产物。英雄形象的高、大、全，使其失去了人性的光辉。

的宇宙，各部分相互依存，相互影响”[①]。

“天人合一”理念使我们认识到将自然与人类合并起来，有利于加强统治者的责任和权威，统治者也成为天的代言人，有利于加强中央集权统治。正如孟旦所说：“这种整体主义的思想被运用到政治上，便成为皇帝将所有的权力收归中央的理论依据。皇帝是保持整体和谐的人，有责任协调社会、个人以及各部分之间的关系。皇帝也有能力维持整体的和谐，因为他是天之子和宇宙的代言人。”[②]但是，将人与自然作为共同特征之物，相信人与自然都存在等级制，甚至认为“知人心”便“识自然”，控制了内在人心便控制了外在世界，实在是缺乏令人信服的科学性。

第三，“帝国式求索模式”是皇权合法性的基础，是等级制的支柱。

这种“政治认识论”导致中国人将政府官员称为“父母官”、“精神导师”，把统治者的意见当作“圣旨”。由于这种“政治认识论”赋予了他们合理性与合法性，真知只有他们才能获得，常人无法自己获得，只有通过统治者的教育或教化来获得，因而教育在中国一直具有很大的政治作用。“教育救国”、政治改革往往从教育开始，如王安石变法、胡适的教育救国路线，甚至毛泽东晚年的许多政策等。

第四，“帝国式求索模式”强调政治权威至上，追求集体主义，压抑个人主体性等，易于形成专制的社会控制状态。

孟旦在《二十世纪中国的帝国式求索模式》一书的序言中主张作为美国社会价值观的个人民主与传统的中国集体主义的社会观可以共存，而不是代替。[③]特别在当今的中国社会中，实行完全意义上的美国式个人民主是不现实的，能够走出一步，即使只是个人民主与集体主义共存的状态，也是一大进步。这种社会观也许可以作为最终实现个人民主的一个前奏。

笔者认为，中国古代虽然有个人主义和自由主义的思想，但一直不能成为主流。集体主义与政治权威一直作为主流并把握话语权，究其原委，与这

---

① Donald J. Munro, *The Imperial Style of Inquiry in Twentieth Century China: The Emergence of New Approaches*, Ann Arbor, MI: Center for Chinese Studies, 1996, p. 1.

② Donald J. Munro, *The Imperial Style of Inquiry in Twentieth Century China: The Emergence of New Approaches*, Ann Arbor, MI: Center for Chinese Studies, 1996, p. 1.

③ Donald J. Munro, *The Imperial Style of Inquiry in Twentieth Century China: The Emergence of New Approaches*, Ann Arbor, MI: Center for Chinese Studies, 1996.

种“政治认识论”密切相关。人与人之间是天生自然平等的，只不过圣人或贤者能够很好地控制自己的欲望，能够很好地运用“评价之心”而已。常人因受欲望的控制，受外在的诱惑而不能很好地发挥其与生俱来的“评价之心”。正如王阳明所说，“良知良能，愚夫愚妇与圣人同。惟圣人能致其良知，而愚夫愚妇不能致，此圣、愚之所由分也”。[①]由于常人或愚人的这种“愚钝”，或不能很好把握和运用自己的“评价之心”，那么他们要获得良知或真理，只能依靠那些圣人或贤人。圣人或贤人何在？自然而然地就去国家统治者、政治权威那里找，这就为专制权威们打开了方便之门，并一发不可收拾。

“公是非，同好恶，视人犹己，视国犹家。”[②] 王阳明虽然支持将个人天生的良知作为最高权威，甚至在某种程度上反对将古代典籍当作最高权威，但从其良知说出发，他相信所有人是天生自然平等的，所有人都具有与生俱来的“评价之心”。这样，所有能够很好运用“评价之心”的人都能获得一致的意见或真理。因此，只要被认为是“圣人或贤人”，他们便具有一种至高无上的权威，他们的观点就代表真理、代表所有其他人的观点，一个圣人或贤人与其他圣人或贤人也能完全达成一致，因为他们都有一颗相同的、平等的，又能被他们很好运用的“评价之心”。至于其他“愚夫愚妇”无须有其观点，即使有也可能是错的，因为他们无法很好地运用“评价之心”。因此，最好的办法是什么都不用想，只要跟着权威走即可，因为权威们能找到真理，从而形成绝对权威。同样，在西方《圣经》至高无上的时候，谁拥有《圣经》，谁就拥有真理。一旦《圣经》被大量印刷，每个人都可能拥有一本同样的《圣经》时，宗教专制大厦便从此坍塌。上帝平等地赋予每个人理性，且大家相信只要完全诉诸理性，便会得到真理。但西方人同时也相信，不是每个人都能很好地控制自己的欲望、运用好自己的情感，只有真正的哲学家才能做到。因此，理想国的统治者应该是哲学家。设想能够很好运用理性的人只有一人或少数几人，那么专制就有可能发生，即使每个人被上帝平等地赋予了理性。

总之，“帝国式求索模式”强调人与自然的合一，主张人性可塑，重视

---

① （明）王阳明：《阳明全书》卷二，《传习录中·答顾东桥书》。

② 王阳明：《阳明全书》卷二，《传习录中·答聂文蔚》。

榜样作用等，具有“和谐”理念、环保意识、个性培养等现代意义的内容，对当代社会、政治管理具有某种启示性和指导性。但是，其混淆事实与价值、强调政治权威至上、追求集体主义、压抑个人主体性等理念，易于形成专制的社会控制状态，容易导致个体自由与民主的缺失等。笔者认为，孟旦在这里创造性地用了“求索”一词，主要是用来区分西方哲学中既有的“认识论”和“知识论”概念。①在中国哲学语境中，认识与知识的界定多与道德追求相关，不同于西方对事物本质的追问；多与政治控制和人性修养相关，少了很多西方式科学的、客观的知识论原则；多了一些事实与价值的融合，少了一些西方事实与价值二分的理念；多偏向于对“应该是什么”的追问，很少追问“是什么”。如果笼统地用西方哲学概念来解读中国文化，便会产生很多误解，所以他借用“求索”一词来再现中国人的这种独特的思维模式。

（二）中国人的基本思维方式研究

孟旦研究中国哲学史的最主要的动机，就是要探索中国人的基本思维模式，或者说是隐藏在中国人伦理思辨的讨论和控制人之所以被想象为人的社会公理之后的基本思维结构。如《宋代的人性形象》中的“象喻”思维方式，《“当代”中国人的概念》中的“意识簇”认知方式，《二十世纪中国的帝国式求索模式》中的“帝国式求索模式”以及《个体主义与整体主义：儒家和道家的价值观研究》中的“整体主义”思维方式等。他认为，这些基本的思维模式或结构制约着每一个中国人的哲学探索和教育，也使得这些纷纭复杂的探索和教育的结果在中国历史上有了某种类似于家族特点的共性。

让我们以“象喻”的思维方式为例，来追寻中国人的政治理念。象喻的渊源十分古老，可追溯到八卦《易》象的发端。如《易传·系辞上》引孔子语云：“圣人立象以尽意，设卦以尽情伪。”又云：“夫象，圣人有以见天下之赜，而拟诸其形容，象其物宜，是故谓之象。”也就是说，因为“书不尽言”、“言不尽义”，所以圣人用“象”来表达意。“无言”之“象”可以把思维主体引入一个“会意”的空间，按照“象”的暗示或引导，去领会思维对象之“意”。孔子还以山水喻仁、智，庄子也以鲲鹏之游、蝴蝶之梦、观鱼

---

① Donald J. Munro, *The Imperial Style of Inquiry in Twentieth Century China*: *The Emergence of New Approaches*, Ann Arbor, MI: Center for Chinese Studies, 1996, p. 4.

之乐、材与不材等喻自在的自然和自由的人事之间的关系。可见，对象喻的运用古已有之。

如果要正确理解朱熹的政治哲学思想，离不开对各种象喻的把握。孟旦以“家”和“小溪”的象喻剖析朱熹如何解决“亲亲”原则与“利他主义”原则的矛盾（即“家庭优先”原则与“普遍仁爱”原则的矛盾），对儒家的“等差之爱”是否具有普遍性，以及其是不是现代贪污腐败的根本原因等问题作进一步探讨。

孟旦认为，“小溪”所比喻的平等价值概念与“家”所比喻的等级制价值观念是可以共存的。人在先天上是自然平等的，因为人后天对自己的“评价之心”运用程度之不同，所以人们在后天上呈现出不平等。①这两种价值观之间的潜在对立性，一直是儒家人性论解决不了的难题，朱熹却运用家庭象喻与小溪象喻来调和这种对立，这在某种意义上来说是成功的。

朱熹的家庭象喻强调的是一种秩序和公正，强调社会角色作用的发挥，突出表现了在等级制社会中与个人角色地位相一致。这些价值观包括“忠”、“敬”、“孝”和家族情感优先等。朱熹说：“仁便有义，如阳便有阴。亲亲尊贤，皆仁之事。亲之尊之，其中自有个差等，这便是义与礼。亲亲，在父子如此，在宗族如彼，所谓‘杀’也；尊贤，有当事之者，所谓‘等’也。”②社会的秩序来自于等级制的宇宙秩序，家庭秩序便是等级制的宇宙秩序的一个模式。这种“家庭”价值观一旦被实现，便显现在一种更加普遍化的价值领域中，显现为一种“亲亲”原则，并在社会实践中表现为平稳、有序的等级制体系。

家庭象喻还要求所有的个体都要履行社会功能，因为每个人都是通过遵守规则才能成为好的家庭成员，每件事情也是因为有序才拥有自己的地位，由“恕”和“敬”的职责所联结的等级制理论是一种有力的理论。它有力地说服人们去相信人类社会角色作用的自然性。因此，无论是宇宙中的“分”与“位”还是社会中的“分”与“位”都是自然的，它们都是遵照“天叙”的。“天叙”即自然秩序，是由“天”设计的。因为受制于这种权威，所以

---

① Donald J. Munro, *The Concept of Man in Early China*, New York: Stanford University Press, 1969, p. 4.

② （宋）黎靖德编：《朱子语类》卷六十四，岳麓书社 1996 年版，第 1395 页。

给予万物（特别是人）一种有用的心理学工具，此工具能产生一种接纳义务和情感的意愿。当人们履行他们的社会角色义务时，实际也就是实现了"公"的价值。"稳定性"（Tranquility）来自于人们遵守恰当的人际关系，特别是"三纲"（Three Bonds）和"五常"（Five Relations）。在完美的宇宙整体中，每个事物都各安其"位"、各安其"分"并保持稳定。即使个人的角色可以改变，但是静态的等级制有着不可逾越的界限。①

与此不同，小溪象喻强调的是潜在的平等和最初本质，强调的是所有人共同拥有的东西，强调的是"利他主义"价值观，也显示出了一种净化自身和净化他人的责任。"净化"是一种价值观，这种价值观指出了每个个体都具有潜在的平等。"净化"揭示了万物的最初本质，所有人最初都是平等地被赋予了善，就如最初的纯净之水一样。"性譬之水，本皆清也。以净器盛之，则清；以不净之器盛之，则臭；以污泥之器盛之，则浊。本然之清，未尝不在。"②可见，朱熹用"小溪"形象解释了万物之间的结构联系和生命之间的潜在平等（因为它们有着共同的源泉）。因为"水"具有穿透力，能穿透世界万物，它也就成为万物的本性，并将万物联系在一起，使万物有着共同的源泉。"小溪"形象也能使人产生对纯净之水的"敬"，能使人产生万物统一的情感。当然，所有这些都是通过水的流动实现的。作为结构的"小溪"，强调的是"净化"的价值观（即实现万物之平等的价值观）；作为过程的"小溪"，解释了两种看似不能共存的人性描述。其实，"性善"是"源"，"性恶"是"流"，是在"小溪"流动过程中被污染而产生的，因为"性如水，流于清渠则清，流入污渠则浊"③。这个流动的过程告诉我们，并非有两种不同的人性，而只是一个过程而已。"小溪"的形象使两种人性论和谐一致起来，或者说使两者妥协起来。

"小溪"的形象还可以解释宇宙的变化方式，如"心之理贯穿于万物"。"理"就如血液在血管里流动（"血"是小溪的次级形象，因而具有水的特征）；"天道"也如"血"，赋"理"于"气"，并赋予"气"以运动方式，

---

① Donald J. Munro, *Images of Human Nature: A Sung Portrait*, Princeton: Princeton University Press, 1988, pp. 54-56.

② （宋）黎靖德编：《朱子语类》卷四，岳麓书社1996年版，第66页。

③ （宋）黎靖德编：《朱子语类》卷四，岳麓书社1996年版，第66页。

因为“有理，便有气流行，发育万物”[①]。因此，宇宙运动是可以用小溪流动形象来表达的。

从另一角度来看，“小溪”的形象还被朱熹用来解释潜在的和实际的人性，例如，“水之就下”就如“人之向善”，水之源头是纯净的就如人的本性是“善”的一样。水的流动若按恰当的方向进行便称为“义”，“爱”与“孝”之“仁”就像水的流动能贯穿万物等。

朱熹利用小溪和家庭象喻对人性的分析看似完美，却受到了孟旦的指责。孟旦认为，在实际中人性之恶（如由“气质之性”的“沉淀”引起的“自私”等）的存在，与朱熹关于“理”之最终胜利的可能性理论之间有些脱钩。也就是说，朱熹没有清晰地表达出“理”之胜利的基础。笔者认为，孟旦的责备不无道理。家庭象喻给出了人的等级制关系的宇宙论说明，家庭关系主要表现为“三纲五常”；而水之象喻暗示了所有人都拥有同一个母亲，都是直系亲属，这种为万物所共有的“理”通常被想象为“水之源”，有利于强调“人人平等”的理论。稍加分析，便知对家庭成员的义务与对家庭之外的人的义务之间存在着矛盾，正是这组矛盾使儒家处于进退两难之间。即使朱熹想建立理论去调和两者之间的矛盾，也有太多理由让人不得不相信，这两者之间的张力是永远不能成功地被消解掉的。这种调和的失败，对中国社会有着不可估量的消极影响，特别是对“当代”中国。[②]

孟旦先生独特的视角，挖掘出中国人的基本思维方式，如“象喻”思维、“意识簇”式思维、求索式思维以及整体主义思维方式等。事实上，我们通常意义上所说的中国人的形象思维和类比思维与孟旦所描述的“象喻”思维相近；整体思维、关系思维与天人合一的适应性思维与孟旦所描述的“意识簇”式、思维求索式思维和整体主义思维方式有交集。但孟旦先生，对中国人较为明显的阴阳辨证思维、五行思维以及中庸思维阐述较少。不知是否与这些思维方式已成为当代中国的显学有关？是否在他看来，这些思维方式是不言自明的？笔者不得而知。

---

① （宋）黎靖德编：《朱子语类》卷一，岳麓书社 1996 年版，第 1 页。

② （宋）黎靖德编：《朱子语类》卷一，岳麓书社 1996 年版，第 73 页。

结 语

他山之石，可以攻玉：孟旦人性观给我们的启示

孟旦的观点不一定是大家都赞同的，但其工作绝对是富于开创性、启发性和挑战性的。他对中国与西方深入而不带褒贬的客观比较的态度是值得赞赏的，他对中国人论与政治哲学的长期、广泛和全面的研究成果是值得中国学术界重视的，对我们全面认识自己的文化，改造和创造自己的文化都有借鉴意义。

孟旦对中国人性论的研究并不满足于阐明某些理论学说内部的一贯性，而更加关注不同学派、不同时代或不同思想家之间的一贯性，如道家与儒家的人性论的一致性，古代儒家的人性论与“当代”人性论之间的一贯性以及朱熹与孟子的人性论的一贯性，等等。这种从古到今、纵横交错的写法，既有历史性又有理论性，这一点可以从其三部人性论代表作中看到。可以说，他既用了大量的具体事例来分析和论证其观点，又以自身的人性论的看法贯穿了始终。更加难能可贵的是孟旦从中国文化中寻找到那些西方文化中的“不可能性”，如“天人合一”、“物我不分”、“事实与价值相混淆”、“帝国式求索模式”以及“意识簇”等。在这些独特的思维方式和认知方式的催生下，形成了与中国人论气象相称的中国政治哲学理念。

孟旦教授最近出版的著作《新世纪的中国伦理学》和《应用伦理学：私人和公共选择中的实际指导原则》，虽然仍旧研究人论问题，但是其研究角度发生了一些变化。孟旦设法从进化生物学和进化心理学出发，结合中国人论内容，提出了“双领域实用主义”和“互惠利他主义”等富有创造性的新概念。当然，美国也有“一些研究中国文化的学者倾向于相信，归根结底中国人与他们非常相像；另一些人则不以为然。一些人认为在所有差异的背后，始终有一种对人的问题的关注，这一点从根本上将所有的人等齐划一；另一

些人则认为在较为表面的、不大有趣的生理或其他明显非文化意义上的相同现象背后（如一个头、两只耳朵等），有着深刻而奇异的差别，这些差别来自受文化制约的思维方式和生活方式。一些人认为不视人类共同性为最重要的特性，就是否认中国人的人性；另一些人则认为强调这种本质化的共同性就是否认中国人的独特性。”[①]笔者认为，以上观点不论偏向哪一面，都会损害人的本质。而孟旦对中国人性论的研究，不仅看到了人性的普遍性，而且也认可具有差异性的中国人的独特思维方式和生活方式，可谓精辟。那么，他主张的人性论到底是什么呢?

（一）

笔者认为，孟旦的人性论观点是中西合璧的产物，是西方穆勒的功利主义思想与中国儒家的“亲亲”原则相结合的产物。他认为，人类的基因中不仅有利己主义的种子，而且还有互惠的利他主义的种子；人性中不仅有人道主义的义务，而且有优先对待自己的亲人的想法。于是，他利用进化生物学、比较人类学及其他社会科学的研究成果，来支持儒家的传统观念，为化解传统儒学的内在矛盾提出了一个新的理论和新的方法。

我们要想研究人性论，就必须知道伦理规则或道德选择的合理性是什么，是在什么基础上建立的。其实，也就是如何证明伦理规则或道德选择的合理性，这才是伦理学的中心议题。比如，基督教强调的是“上帝”规定了道德原则，也就是说伦理规则或道德选择的合理性完全是由外在的、超越的存在物——“上帝”决定的；人类学家强调的是伦理规则或道德选择的合理性完全取决于一个特殊社会中的人民和权威的意志；而功利主义与儒家则强调人性的先天构成是决定伦理规则或道德选择的合理性的关键（功利主义是从人的先天生理和心理特点出发，而儒家是从人的先天道德感出发的）。

孟旦赞成生物学意义上的经验主义观点，同意将伦理规则建基于人性之上；同时，他也同意上述最后一种看法，即强调人性的先天构成是决定伦理规则或道德选择的合理性的关键。正如他所说：“我本人关于人性的观点受到了这些生物学家的影响。但是，由于我所关注的是生物学理论的伦理学含义，所以我的观点突出了两种我认为与伦理学关系最为密切的思考、行动、

① ［美］郝大维、安乐哲著，蒋弋为译：《孔子哲学思微》，江苏人民出版社 1996 年版，序言第 5 页。

感觉和需要的模式。一个的前现代祖先是边沁和穆勒，另一个的前现代祖先是孟子派的儒家。”[①]这两种模式各自侧重人性论的一个方面，各有利弊，所以应该从两个方面（即利己主义与利他主义）考虑。例如，当敌人出现时，一只报警的小鸟会唤醒其他的鸟，但同时也会将自己的栖身处暴露给捕食者。就眼前来看，这只报警小鸟牺牲了自己的利益，可是若从长远来看，它的亲属以及其他的鸟将会受益，而且它们中的某些鸟也可能会在他日向它作出回报。这虽然是一个动物界的例子，可是很能说明孟旦的人性论观点。

孟旦接着又说：“作为伦理学家的经验主义者使某些伦理戒律以及相关的情感立足于一种可由生物学加以研究的普遍的人性之上。人性是表现为两种模式的遗传组件的居处。现在，我要指明这两种模式究竟是什么。……第一种是躲避痛苦或疼痛，接受快乐或幸福。……（第二种是）以血亲纽带为基础的，对待不同人的情感等差。我们可以具有人道主义的义务，同时又优先对待自己的亲人。”[②] 也就是说，他认为人类的基因中不仅有利己主义的种子，也有互惠的利他主义的种子；人性中不仅有人道主义的义务，而且有优先对待自己的亲人的想法。可见，孟旦想利用进化生物学、比较人类学及其他社会科学的研究成果，来证明孟子学派儒学与生物学家的一个基本观点，即利他主义起始于家族，并且由此向外扩展。

孟旦认为他的人性论的长处主要在于：“首先，它的主张可以通过生物学实验室，或者通过罗伯特·阿克谢罗德这样的博弈理论家的活动反复加以检验。其次，它提供了实际证据，以反驳柏拉图的影响广泛的精神观。……再次，我所阐述的观点是实际可行的。……最后，它与我们所需要的自由意志学说中的某些部分相协调。”[③]

由上可知，孟旦从生物学、比较人类学及其他社会科学的研究成果中找出了中西人性的普遍性，也找出了中西文化的契合点。他认为人的先天构成

---

① ［美］孟旦著，安延明译：《一种证明伦理规则的现代方式：约翰·斯图亚特·穆勒、孟子和当代生物学》，载哈佛燕京学社、三联书店主编：《儒家与自由主义》，三联书店 2001 年版，第 203 页。

② ［美］孟旦著，安延明译：《一种证明伦理规则的现代方式：约翰·斯图亚特·穆勒、孟子和当代生物学》，载哈佛燕京学社、三联书店主编：《儒家与自由主义》，三联书店 2001 年版，第203～204 页。

③ ［美］孟旦著，安延明译：《一种证明伦理规则的现代方式：约翰·斯图亚特·穆勒、孟子和当代生物学》，载哈佛燕京学社、三联书店主编：《儒家与自由主义》，三联书店 2001 年版，第 209 页。

（如人的先天生理和心理上的自私，以及人与生俱来的道德感）将成为普遍人性的基础。但他并不否认现实中人的思维方式和生活方式的差异性，也不否认现实社会对人的影响。

对孟旦的人性论观点，笔者不再多作评点。总之，从孟旦的人性论观点中，可以看出他的中国文化情结。

（二）

通过上述孟旦对中国人性论思想的研究，笔者以为他从西方哲学家和汉学家的独特角度出发，公正地指出了中国人性论的精华和弱点所在。因为孟旦所处的社会环境、文化环境不同，所以他说出了许多中国学者在国内看不到或者不敢说的东西，更加真实地对中国人性论作了长跨度、全方位的研究。例如，孟旦对“当代”中西方的平等观作了比较、对“当代”中国的人性论观点与经典马克思主义的人性论观点加以了区别以及叙说了中国传统文化中缺少“自由”与“民主”的思想的基础等，都是十分引人注目的。

另外，笔者认为，孟旦研究中国人性论的目的不是要对中国文化指指点点，也不是要推销其西方自由主义的思想，而是暗含了他认为中西文化能够融合和互补的心声。在这一点上，安乐哲、罗斯蒙特等人与孟旦有共鸣之处。安乐哲说：“探究中国文献的最终目的是要判断其价值，看这些观念是否可用，是否有说服力，我们可否表示我们的赞同。我们要做的不只是研究中国传统，而是设法化之为丰富和改造我们自己世界的一种文化资源。儒家从社会的角度定义人的观念是否可以用来修改和加强西方自由主义模式？在一种以礼仪方式组构而成的社会中，我们能否发现什么东西，可以帮助我们更好地理解我们那种在哲学上根据不足、在实际中又有价值的人权观念呢？”①罗斯蒙特也在《一面中国的镜子》中说：“儒家关于人的理论可以弥补西方人权概念的局限性。”②

当然，孟旦对中国人性论的研究也有不足之处。首先，他对中国“当

---

① ［美］安乐哲著，张燕华译：《差异比较与沟通理解：当代西方学者研究中国哲学的倾向及障碍》，载上海中西哲学与文化比较研究会编：《时代与思潮》（第六期），学林出版社 1998 年版，第 192 页。

② 施忠连：《近十年美国儒学研究之进展》，载上海中西哲学与文化比较研究会编：《时代与思潮》（第六期），学林出版社 1998 年版。

代”人性论的研究，或多或少、有意无意地带上了些许“意识形态”或“冷战思维”的特征。当然，这也许是西方大多数学者不可避免的困境。

其次，他过多依靠翻译后的文献（即将文言文译成英文的文献），例如，在 *Images of Human Nature*：*A Sung Portrait* 一书第一章的第十个注释中，他引用了 Arthur Waley 翻译的《论语》，以后又大量引用了 James Legge 翻译的书，等等。这样一来，在此基础上得出的研究成果可以说是根据第二手材料所得，至少是在“西化了的原著”基础上的成果。他不依据原始材料而依据第二手材料来论证，即使论述得再详细，也很难说服中国读者。

另外，虽然孟旦想走出西方学者的框架，也多次声明自己绝不站在西方人的立场上来看待中国问题，但是，其阐述中国人性论思想时，大多使用的是西方文化的思维方式。例如，他用“heaven”来说“天”，无论他是否认识到，在西方读者头脑里出现的都是超越的造物主形象。以“benevolence”代替“仁”也就将“仁”这一概念心理化了，使其带有利他主义的色彩；而事实上，“仁”具有非常不同的一系列社会学意义。他以“principle”来解释“理”也不恰当，因为“principle”英文词义为“定律”或“原则”，但无论是“定律”还是“原则”，都是以“共相”与“殊相”的对立为前提的。而宋代哲学家并没有思考过这个问题，因此此类提法没有意义。另外，他还以“mind”来解释“心”，以“good”来解释“善”，但事实上西方的“mind”和“good”与中国的“心”和“善”在内涵上还是有很大区别的。当然，这也许是翻译上的问题，也许是所有从事中国哲学研究的西方学者的通病，但是无论如何它们出现于研究中国文化的哲学著作中是让人难以容忍的。但是这不是本书论述的重点，故在此不作详细叙述，有待于另文论述。以西方传统哲学的概念和研究规范来解释和著述“中国哲学史”，也许会有许多不相吻合之处。

总之，孟旦的观点不一定是大家都赞同的，任何人的工作都不可能是十全十美的，本书的介绍和分析也不一定是完全准确和精当的，但明显的是，孟旦的工作是非常富于开创性、启发性和挑战性的。“他对中国与西方深入而不带褒贬的客观比较的态度是值得赞赏的，他对中国的人性论问题的长期、广泛和全面的研究成果是值得中国学术界重视的。他作为一个外国学者对中国文化的深入分析，对于我们全面认识自己的文化，对于我们改造和创造自己的文化也是很有借鉴意义的。”①

笔者认为，“他山之石，可以攻玉”这一古老的中国警句在今时今日仍然适用，我们可以借别人的眼光来加深自知之明。故步自封，不跳出自家的文化圈子，不与别的文化相比较，就不能反思自身，中华文明也就难以找到进入其现代形态的入口。

---

① 刘笑敢：《研究比较哲学与人性论的巨擘——孟旦的中国哲学史研究》，载傅伟勋、周阳山主编：《西方汉学家论中国》，正中书局1993年版。

附 录

附录一：国内外对孟旦思想的研究现状

在比较哲学研究方面，前贤已有大量成果，我辈后学要想找到好的切入点很不容易。在学习过程中，美国著名学者孟旦（Munro）对中西人论和政治哲学所做的比较研究深深地吸引了我。在周炽成教授的建议下，我认真地研读了孟旦所有的英文著作以及相关的二手资料，充分感受到孟旦视野的独特性。可以说，刘先生对孟旦的为人和治学作了较为成功的介绍，特别是对孟旦的几部代表性著作作了精心的梳理。

中国学者对孟旦的中国学术研究十分重视，并围绕他的中国学术研究先后发表了数篇有价值的学术论文。例如，香港中文大学的刘笑敢先生曾对孟旦的思想进行了认真的研究，先后写出了《研究比较哲学与人性论的巨擘——孟旦的中国哲学史研究》、《为中国哲学开生面——孟旦先生治学简介》和“*Foreword to the Reprint Edition*” *of The Concept of Man in Early China by Donald Munro*（这是刘笑敢先生为孟旦《早期中国“人”的观念》一书于2001年再版时写的序）三篇文章。在这些文章中，刘先生满怀深情地介绍了其师孟旦的为人和治学、家庭传统与个人选择以及他独特的追求与探索。刘先生认为，孟旦对中华文化的研究，既具有鲜明的历史性和理论性，又具有客观性和现实性。在《研究比较哲学与人性论的巨擘——孟旦的中国哲学史研究》一文中，刘先生说：“孟旦研究中国哲学史的主要的动机是探究中国人的基本思维模式，他关心的是为什么思想家的理论本身和他们捍卫这种思想的方式都具有特定的方式。其次，力图挖掘现象背后的原因也是孟旦多年来致力于中国的人性研究的动力之一。”可以说，刘先生对孟旦的为人和治学作了较为成功的介绍，特别是对孟旦的几部代表性著作作了精心的梳理。

华南师范大学周炽成教授，因为曾在海外多年，对西方研究中国文化的学者了解很深。其中孟旦是研究中国文化的西方学者的主要代表之一。周炽成先生深深地感受到要将孟旦的中国哲学研究成果介绍给中国学者的重要性，因而写了一篇《蒙罗对中国人性论与认识论的研究》的论文，并在《中国哲学史》2004年第1期上发表。此文抓住孟旦先生的《早期中国“人”的观念》一书中的自然平等观念、道德楷模的作用以及行为主义的倾向加以叙述；同时，也揭示了《宋代的人性形象》一书中的中国哲学“事实与价值”相混淆的事实。另外，他还讲述了《“当代”中国人的概念》一书中“当代”中国人性的可塑性特征，点出了《二十世纪中国的帝国式求索模式》一书中孟旦所说的“帝国式求索模式”的起源和弊端以及这种模式对中国的政治、经济和文化的深远影响。可以说，周先生是找到研究孟旦思想之关键点的第一人，他以中国的人性论与认识论为主线来研究孟旦的著作，使我们对孟旦的学术思想的研究更加理论化和系统化。当然，因为论文篇幅的限制，他也只是提纲挈领地进行了介绍，还需要更加深入的研究。本书便是延续着这份工作去做，承接着人性论这条线去研究。

孟旦先生的高徒安延明先生，在《探究儒家伦理学的实践内涵——访孟旦教授》一文中，运用对话体的方式揭示了孟旦的中国哲学研究成果。当作者问及他为什么会选择中国人性论作为研究的题目时，孟旦回答说，一是因为在学术上受到行为主义者斯金纳的影响，他开始思考“无论在对于刺激的可见的反应中，还是在思想和情感上，各民族的人民可能都具有某些普遍的或同样的方面”。这恰恰能在儒家的“人人皆可为圣贤”和“人人都平等地拥有评价之心”的思想中找到答案。另一个使孟旦注意中国人性论的理由是，“许多儒者通过论及人性，来证明他们的伦理观点”。孟旦十分赞赏孟子的“等差之爱”，当安延明先生问及他如何看待中国的“裙带关系”问题时，孟旦回答说：“在中国以及别的地方，裙带关系的确产生于‘等差之爱’。如果我们想要有一个稳定的社会，减少痛苦，并且允许人们追求幸福，就必须询问，如何才能控制裙带关系？答案是，法律。”当问及儒学在21世纪的命运时，孟旦说：“如果儒学的支持者们能够向新的科学学习，并且相应地修改他们的设想，我认为儒学可以在新的世纪里健康地生存。”

庄国雄和陶黎铭先生，翻译了孟旦的第一部人性论巨著《早期中国“人”的观念》，为中国读者了解孟旦的思想扫除了语言上的障碍。庄国雄和陶黎铭先生不仅对孟旦的思想把握得十分准确，而且还译出了原著中中国古代典籍的引文以及孟旦未注出篇名或注错篇名的地方。但是，对于英文原著中所引西方和中国港台、日本现代作者的引文，中文译者均未注明出处，这可能会影响读者对孟旦本人真实思想的把握。另外，在中译本中，部分译文也稍显生硬。所以，本书所引用到的部分，若存在这种情况的，笔者都已经在脚注中加以说明。

施忠连先生在《现代新儒家在美国》一书和《近十年美国儒学研究之进展》一文中，也对孟旦思想加以了研究。在《现代新儒家在美国》一书中，他主要侧重于对孟旦第一部人性论巨著《早期中国“人”的观念》的介绍，并认为，孟旦在《早期中国“人”的观念》一书中提出的最重要的观点是“人之自然平等”说。孟旦认为，“人之自然平等”说是中国思想的基点，是儒家伦理学的理论基础，对中国的教育、科举制度以及宗教有着深远的影响。一方面，施忠连先生可谓抓住了孟旦思想的核心，但另一方面他对孟旦的研究还只处于简单的介绍状态，其评价稍显片面，因为他只是重点介绍了《早期中国“人”的观念》一书，对孟旦的其他重要论著却涉及很少。

由此可见，现在国内外对孟旦的中国学术研究越来越重视，其价值越来越得到肯定，对孟旦的研究也取得了丰硕的成果。但由于诸多原因（如意识形态的隔阂以及语言上的障碍等），孟旦后面几本书［如《个体主义与整体主义：儒家和道家的价值观研究》（*Individualism and Holism*：*Studies in Confucian and Taoist Values*）、《二十世纪中国的帝国式求索模式》（*The Imperial Style of Inquiry in Twentieth Century China*：*The Emergence of New Approaches*）、《新世纪的中国伦理学》（*A Chinese Ethics for the New Century*）以及《应用伦理学：私人和公共选择中的实际指导原则》］很少得到中国读者的关注，国内外对孟旦的研究还处于一种介绍性状态，处于对孟旦本人的生平和作品内容的介绍。因此，这里还有一片很大的空白需要我们去填补。

鉴于以上情况，笔者试图以孟旦的中国人论和政治哲学研究为主线，探寻其认为支撑或导出中国人论和政治哲学背后的人之基本思维方式，并力争从他的研究中跳出来，对其观点加以多方位的评述。

首先，采用“述评结合”的研究方法。以中国人论和政治哲学研究为主线，不仅叙述了孟旦对中国从古至今的人论和政治理念的看法，而且能够从他的研究中跳出来，多方位地对其观点加以评述。

“述”主要是抓住孟旦的中国研究中的几个闪光点来进行阐述。例如，其一，因为朱熹作品的数量之多，所以人们很难解开其哲学理论中的复杂关系，甚至，对其思想的组织也不太容易把握。因此，孟旦“便是在朱熹本人的论述方式中找寻这把钥匙”。通过分析朱熹用来表现其思想的几种结构性形象（如水、家庭、镜子、身体、植物以及君王等)，来解释朱熹关于“人”之概念的两组对立的观点，并使朱熹的人性观念成为一种关联的、和谐的系统整体。其二，孟旦在 *Individualism and Holism：Studies in Confucian and Taoist Values* 一书中，最大的贡献不是对整体主义特征的介绍，而是批驳了大多数人所说的“西方是个体主义”和“中国就是整体主义”的绝对划分的观点。他认为，文艺复兴前的西方人与古代中国人的世界观和价值观没有太大不同，他们都倾向于整体主义；“西方就是个体主义”和“中国就是整体主义”的绝对划分实际上是将现代西方与古代中国之思想进行比较。其三，孟旦对中国人性论的研究，不仅看到了人性的普遍性，而且也认可中国人与之具有差异性的独特思维方式和生活方式。他认为人类的基因中不仅有利己主义的种子，而且还有互惠的利他主义的种子；人性中不仅有人道主义的义务，而且有优先对待自己的亲人的想法。于是，他利用进化生物学、比较人类学及其他社会科学的研究成果，来支持儒家的传统观念，为化解传统儒学的内在矛盾提出了新的理论和新的方法。其四，因为孟旦所处的社会环境和文化环境与中国学者不同，所以他说出了许多中国学者在国内看不到或者不敢说的东西，更加真实地对中国人性论作了长跨度、全方位的研究。例如，他对“当代”中西方的平等观作了比较，对“当代”中国的人性论观点与经典马克思主义的人性论观点加以了区别，叙述了中国传统文化中缺少“自由”与“民主”的思想的基础，等等，都是十分引人注目的。

“评”即是对孟旦的观点加以评论，例如，本书大量引用了国内学者陈荣捷、李泽厚、邓晓芒、周炽成、金诤、刘正等，以及国外学者安乐哲、陈汉生、郝大维等人的观点，对孟旦的观点进行评论和反驳。

其次，力求理论上的创新。笔者认为，孟旦虽然以敏锐的眼光洞察到了先秦诸子们在“人之自然平等”思想上的一致性，但是他忽视了情况的复杂性。例如，道家与法家在信仰“人之自然平等”的同时，也各自在追求一种“人的价值平等”和“人的现实利益平等”；甚至连儒家的创始人孔子也承认人的不平等，人有与生俱来的智力差异，人有“上人”和“中人”之别，等等。

孟旦虽讲到了“自然平等”思想对中国的教育、佛教思想以及儒家伦理的影响，却忽视了影响中国社会最为显著的是时至今日仍令许多西方人叹服的科举制。可以说，在科举制度的作用下，中国建立起了世界上最早、最完善的文官政治。

笔者还指出了孟旦对中国人论和政治哲学研究的不足。首先，他对中国“当代”人论和政治哲学的研究，或多或少、有意无意地带上了一些“意识形态”或“冷战思维”的特征，当然，这可能是西方大多数学者不可避免的困境。其次，他过多依靠翻译后的文献（即将文言文译成英文的文献），这样在此基础上得出的研究成果也可以说是根据第二手材料所得出的，至少是在“西化了的原著”基础上的。他不依据原始材料而依据第二手材料来论证，即使论述得再详细，也很难说服中国读者。虽然孟旦想从西方学者的框架走出来，也多次声明自己绝不站在西方人的立场上来看待中国的问题，但是，其阐述中国人性论思想时，有意无意地使用了西方文化的思维方式。

本研究的不足之处有：第一，“述多评少”。即使笔者尽了很大的努力，但由于二手资料有限，加上本人的学术功底欠佳，因而不能充分发挥；第二，因文化与语言文字的隔阂，肯定会带来某些对孟旦原作的不当理解。即使笔者极力弥补这些缺陷，不懂之处甚至通过邮件向孟旦先生请教，但在行文中不可避免地出现了些许问题。望批评指正。

附录二：Curriculum Vitae

Name： Donald J. Munro

Family： Wife, Ann P. Munro; Daughter, Sarah D. Munro

Birth： New Brunswick, New Jersey, March 5, 1931

Education： A. B. Harvard College (Department of Philosophy), 1953 Ph. D. Columbia University (Department of Chinese and Japanese, with work in Department of Philosophy), 1964

Military Service： Lt. (jg) U. S. Navy, 1953 - 1957. Service in Philippines.

Military Honors： Chief of Naval Operations letter of Commendation, August 1957.

Academic Posts： Appointed Assistant Professor, University of Michigan, 1964

Appointed Associate Professor, 1968 (Department of Philosophy)

Promoted to Professor of Philosophy, 1973

Visiting Research Philosopher, Center for Chinese Studies, University of California, Berkeley, 1969 - 1970

Associate, Center for Chinese Studies, University of Michigan, 1964 - present

Visiting Scholar, Institute of Philosophy, Chinese Academy of Social Sciences, Beijing, (May - July, 1983)

Visiting Scholar, Department of Philosophy, Beijing University, Beijing, Winter, 1990

Professor of Philosophy and of Chinese, University of Michigan, 1991 -

Chair, Department of Asian Languages and Cultures, August 1993 - 1995

Professor Emeritus of Philosophy and of Chinese, 1996 -

Honors：

Ch'ien Mu Lecturer, The Chinese University of Hong Kong, 2003

Warner G. Rice Humanities Award, Distinguished Senior Lecturer, 1993 - 1994

LS & A Excellence in Teaching Award, 1992

National Academy of Sciences, Committee on Scholarly Communication with the PRC, Grant, for research at Beijing University, 1990

Designated as John Dewey Lecturer, University of Vermont, 1988 – 1989

National Faculty of Humanities, Arts, and Sciences, 1986 –

Gilbert Ryle Lecturer, Trent University, Ontario, March, 1983

American Council of Learned Societies Fellowship, 1982 – 1983

Fritz Lecturer, University of Washington, May 1980

Guggenheim Foundation Fellow, 1978 – 1979

Rockefeller Foundation Fellowship, 1978 – 1979, returned

National Humanities Faculty, 1971 – 1972, 1986 –

Evans – Wentz Lectureship at Stanford University, 1970

University of Michigan Distinguished Service Award, 1968

Social Science Research Council grantee, for research in Hong Kong , 1965 – 1966

Ford Foundation Foreign Area Fellow, for research in Taiwan, 1959 – 1962

PUBLICATIONS

Books: *The Concept of Man in Early China.* New York: Stanford University Press, 1969.

The Concept of Man in Contemporary China. Ann Arbor: University of Michigan Press, 1977. ("Michigan Studies on China")

Individualism and Holism: *Studies in Confucian and Taoist Values.* Ann Arbor: University of Michigan Center for Chinese Studies, 1985. Editor, author of "Introduction" and author of chapter entitled "The Family Network, the Stream of Water, and the Plant: Picturing Persons in Sung Confucianism". Based on an international conference that I organized, sponsored by the National Endowment for the Humanities, American Council of Learned Societies, and Center for Chinese Studies of the University of Michigan.

Images of Human Nature: A Sung Portrait, Princeton: Princeton University Press, 1988.

The Imperial Style of Inquiry in Twentieth Century China: The Emergence of New Approaches Ann Arbor, MI: Center for Chinese Studies, 1996. A New Phase for Chinese Philosophy: The Ch'ien Mu Lectures in Chinese History and Culture 2003, to be published in 2004 by The Chinese University of Hong Kong Press.

Articles: "The Yang Hsien-chen Affair," *China Quarterly*. London, April-June, 1965.

"Chinese Communist Treatment of the Thinkers of the Hundred Schools Period," *China Quarterly*. London, October - December, 1965. (Reprinted in Albert *Feuerwerker*, ed., History in Communist China, M. I. T. Press, 1968)

"Dissent in Communist China," *Current Scene*. Hong Kong, June 1, 1966.

"Maxims and Realities in China's Educational Policy," *Asian Survey*. Berkeley, California. VII, April, 1967.

"Comments on 'China and the West in The Thought of Mao Tse - tung,'" by Benjamin Schwartz, in Tang Tsou and Ho P'ing - ti (eds.), China in Crisis (University of Chicago Press, 1968).

"Humanism in Modern China," in Frederick *Wakeman* (ed.), Works in Honor of Liu Yu Yun (Taiwan: Chinese Materials and Research Aids Center, 1970)

"Egalitarian Ideal and Educational Fact in Communist" *China*, in John Lindbeck (eds.), The Management of a Revolutionary Society (University of Washington Press, 1971).

"The Malleability of Man in Chinese Marxism," *China Quarterly*. London, October - December, 1971.

"Man, State and School," in M. *Oksenberg* (ed.), *China's Developmental Experience* (Praeger, 1973).

"The Chinese View of Alienation," *China Quarterly*. London, July - September, 1974.

"The Chinese View of Modeling," *Human Development*. Basel, No. 18, 1975.

"Belief Control in China: The Psychological and Ethical Foundations," in Richard W. Wilson and Sidney Greenblatt (eds.), *Social Control and Deviance in China* (Praeger, 1976).

"Chinese Values Through the Eyes of an American Philosopher," in Ross Terrill (ed.), *The China Difference* (Harper & Row, 1979).

"The Concept of 'Interest' in Chinese Thought," Journal of the History of

Ideas, March 1980.

"Philosophy in China," in Humanistic and Social Science Research in China. (New York: Social Science Research Council, 1980).

Sections of "Academic Research, Psychology, and the Social Sciences," and "Intellectual Freedom, The Individual, and the Laws," in John *Merson*, (ed.) *Culture and Science in China* (Sydney: Australian Broadcasting Commission paperback, 1981). Derived from my satellite radio broadcast to Australia.

"The Mirror and the Body": "Values Within Chu Hsi's Theory of Knowledge," in *Tsing – Hua Journal of Chinese Studie*s, 1987.

"The Confucian Moral Sense in the Modern Period," Beijing, 1988.

"The Fact – Value Fusion," *Zhexue Yanjiu* (Philosophical Investigations) Beijing, China, June, 1990.

Scholarly "Forward" to Livia Kohn, Taoist Mystical Philosophy SUNY Press, 1991.

Scholarly "Preface" [Review essay] to Liu Xiaogan, The Classification of the Zhuangzi Chapters, to be published by the Center for Chinese Studies, University of Michigan, 1995.

Scholarly "Afterword" to Brian Bruya, The Music of Nature, Princeton University Press, 1992.

"One – Minded Hierarchy versus Interest Group Pluralism: Two Chinese Approaches to Conflict," in, William Zimmerman, (ed.), New Approaches to Conflict in World Politics, University of Michigan Press, 1994.

"A Villain in the Xunzi," in David Ivanhoe, ed. *Chinese Language*, *Thought*, *and Culture*, Chicago: Open Court, 1996.

"Chinese Marxism," in *Routledge Encyclopedia of Philosophy*, 1997.

"Mencius and an Ethics of the New Century," in Alan Chan ed, *Mencius*, Honolulu: University of Hawaii Press, 2001.

"A Modern Way to Justify Ethical Rules," in James St. Andre ed., *Hanxue zhongheng* (Excursions in Sinology) [Hong Kong: Shangshu yinshuguan, 2002] 180 – 194.

"Reciprocal Altruism and the Biological Basis of Ethics in Neo –

Confucianism," in *Dao*: *A Journal of Comparative Philosophy* I. 2, 2002, 131 –141.

"Recent Western Scholarship Relevant to Chinese Philosophy," published as "Sange zhuti ji daibiao zuo [Three themes and their representative authors] in Zhongguo zhexueshi [History of Chinese Philosophy] 2003. 1): 20 –28.

"Donald Munro Answers Questions from An Yanming," published in Juzhia yu ziyouzhuyi (Confucianism and Liberalism) (Beijing: Sanlian and Harvard –Yenching Academic Series, 2001)

(NOTE: I have not listed reviews or articles in popular media.)

Areas of Research: Classical Chinese Philosophy and Neo –Confucianism

The Confucian Legacy in Modern China.

Current Research: Recent discoveries in evolutionary biology and evolutionary psychology and their relevance for Chinese ethics.

Offices in Professional Organizations: Member of China and Inner Asia Council of the Association for Asian Studies [nationwide elected policy body, (1970 –1972)].

Chairman, American Council of Learned Societies, Subcommittee on Chinese Thought and Religion (1976 –1979).

Chairman, American Council of Learned Societies, Committee on Studies of Chinese Civilization (1979 –1981).

Other National Committees: Committee on Scholarly Communication with the People's Republic of China (1978 –1981).

Committee on Advanced Study in China (1978 –1981).

Council for International Exchange of Scholars, National Research Council, Advisory Screening Committee in Chinese Studies (1971 –1976).

China Council (Asia Society), 1979 –1980.

National Committee on United States China Relations.

Steering Committee, Conference on Franco –American Cooperation in East AsianStudies Advisory Board, Encyclopedia of Chinese History and Culture.

Major University Committee Activities: Director, Project on Asian Studies in Education, 1971 –1974 (Asian Studies outreach project).

College Curriculum Committee (elected office), 1975 - 1976.

Faculty Advisory Committee, Professional Journalism Fellowship Program, 1976 - 1979.

Associate Chairman, Department of Philosophy, 1977 - 1978.

Associate Chairman, East Asian Capital Campaign Steering Committee ($6,000,000.00 goal), 1977 - 1978.

University of Michigan China Coordinating Committee, 1980 - 1981.

Academic Judiciary Panel, 1982.

Literature, Science and the Arts Area Center Review Committee (1981 -).

Center for Chinese Studies Executive Committee (1983 - 1985, 1986 - 1989).

College Nominating Committee, 1983 - 1984.

Chair, College Nominating Committee, 1984 - 1985.

Rackham Divisional Board (Humanities), 1985 - 1986.

Humanities Institute Organizing Committee, 1986.

Representative of University of Michigan to Governor's Commission on China (Culture and Education Subcommittee) LSA Executive Committee (1986 - 1989).

Editorial Offices: Editorial Advisory Committee, Chinese Studies in Philosophy, Journal of Chinese Philosophy

附录三：孟旦与其他英美汉学家的人论简介

各学术领域的差异很大，但任何理论学说，不论是关于个人的还是关于社会的，都应奠基于人性。也就是说，研究“人是什么”是任何一个哲学家必须面对的问题，他对人类问题或社会问题的解决也应该着眼于此处。即使在同一个人论研究领域中，因中西方在文化、政治与经济上的不同而造成双方观点差异悬殊，但无论如何都会存在一些人类公认的基本价值。也许它们实现的方式或切入的角度不同，但最终指向的目的地具有某种程度的相似性。因此，在人论领域跨文化的研究是有可能的，也许还会避免因“身在庐山之中”而不知其真面目的尴尬。笔者在此选取几个英美汉学家为例，仔细分析这些“他山之石”，总结他们对中国人论研究的观点，并加以评述。

（一）赫伯特·芬格莱特[①]的孔子人论研究——“音乐”说

赫伯特·芬格莱特以“音乐”（Music）说概述孔子的人性理论。他认为，在《论语》中完全找不到西方人的自由和理性等人性概念。相反，就“孔子来说，个体既不是真正人性的终极单位，也不是人的价值的终极依据”[②]。人性的终极单位不是“修己”（Self-cultivation）或“克己”（Self-control）中的“己”，而是“他人”，即人性的终极单位是尊重他人（即“敬人”）和关心他人的安乐（即“安人”）。个体的存在本身也不是人之价值的终极依据，只有与个体生命的情境与方式相关的东西、与道相合的生命——仁者的生命，才是最高的价值追求。

中国哲学中“个体更多地想象为类似于音乐的表演者而不是音乐中个别的音声”[③]。也就是说，人就像一个音乐的表演者，绝不是那个早已写在乐谱

---

① 赫伯特·芬格莱特（Herbert Fingarette），美国著名哲学家。1921年出生，加州大学哲学博士。主要研究领域在古典儒学，尤其是孔子思想。代表作有《孔子：即凡而圣》、《〈论语〉中人性的音乐》等。

② ［美］赫伯特·芬格莱特著，彭国翔、张华译：《孔子：即凡而圣》，江苏人民出版社2002年版，第90页。

③ ［美］赫伯特·芬格莱特著，彭国翔、张华译：《孔子：即凡而圣》，江苏人民出版社2002年版，第107页。

上的符号（不容丝毫改变），他完全可以“自由”地将个性和自己的理念施加于音乐之中，虽然表面上看起来仍然是那首早已谱好曲调的歌——遵“礼”而行。他与实际的个别音声不同，音是完全规定的、不容改变的，而人类个体是能动的，既有天生的驱动力，又有后天习得的驱动力。与实际的个别音声不同，音虽与其他音相关联，但是静态的，而人类个体既有内在的驱动力，又以一定的方式创造出各种关系或进入社会的各种关系之中，并成为各种关系链条上的一环，且是动态的。整个社会就如一个舞台，在舞台上上演各种精彩的好戏，每出好戏都有一些固定的情节和台词等——“礼”，一个好的演员——“君子”——一定是一位能与其他演员很好地完成固定的情节和台词任务的个人，这位好的演员——“君子”——会用自己独特的演技或办法，处理好与其他角色演员的各种关系，以此来打动观众，演绎那些看似早已规定好的戏曲，或恰是这些演绎才有了真正的戏曲。

当然，这些音乐高手或戏曲高手，只有在演员之间相互分享并尊重音乐形式和戏曲理念，甚至还要在具有鉴赏力的听众或观众的参与中才能实现其成就，他们是在这种条件下完成其表演的。因此，“孔子关于人性的哲学及其人文主义（Humanism），并不是一种个人主义式的人文主义”[①]。也就是说，个人只有生活在公共关系中才能具有真正“人”的意义和价值。孔子的理念是，“孤立地来看，个体尽管是一个连续性的个体，个体尽管也是一个动态的存在，但是，个体并不由此就是一个真正或完整的人性的存在”[②]。一个连续存在的个体是指“成人”之种子寓于天生个体之中。个体尽管有天生“成人”的潜质，但必须在后天加强学习，遵“道”、行“仁”、复“礼”，方能将潜质发挥出来，并实现人的最高尚价值，此时方可“成人”，方可成其为“人”。

孔子认为，真正的“人”必须具备三个维度，即“礼”中之人，一个与生俱来有潜质的个体，一个“鼓励—吸引”维度的个体。[③]首先，真正的人必须遵循“礼”的规范，使人获得实现自己行为举止的各种形式。“礼”相当

① ［美］赫伯特·芬格莱特著，彭国翔、张华译：《孔子：即凡而圣》，江苏人民出版社2002年版，第93页。

② ［美］赫伯特·芬格莱特著，彭国翔、张华译：《孔子：即凡而圣》，江苏人民出版社2002年版，第103页。

③ ［美］赫伯特·芬格莱特著，彭国翔、张华译：《孔子：即凡而圣》，江苏人民出版社2002年版，第107页。

于音乐的各种形式，每个物理之音只有遵循音乐规范和形式，才能实现音乐的价值，否则不过是噪音而已。个体也是如此，要实现人的价值就必须遵循“礼”之规范。其次，个体必须具备与生俱来的“成人”潜质，并付诸于学习和实践之中，即个体必须“践行”方能“成人”。再次，个体对典范人格、“榜样”和圆满人性有着强烈的自然吸引力。

总之，赫伯特·芬格莱特反驳了一些西方学者对“礼”的偏激观点，即将“礼”视为一种剥夺人性或非人性化的形式主义。实际上，他将“礼”视为由人类经验历史积淀而形成的人性表现，“礼”的践行可以使人性在社群的整体脉络中趋于完善，也是人存在的本质。另外，他还指出，孔子的人性论思想具有“民主人文主义”的一些特定价值，并体现了计划经济和共产主义理论的睿智，但是对国家这个政治实体并没有提供足够的基础。笔者认为，赫伯特·芬格莱特心中的中国人绝不是西式的自足而独立的个体灵魂，也不是标准“礼”模式下的机械之人，而是一种圆满的实现和动态的人性。事实上，中国从孔子开始就将“人”置于群体之中，承认“人”享有权利的同时，更重视每个“人”应该承担的责任。这与西方过分强调以个人为中心形成了鲜明的对比，这种伦理值得西方学习，特别是值得当代西方人去反思。

（二）史华兹[①]的孟子人论研究——“吊诡”说

本杰明·史华兹因受帕斯卡《思想录》中的人性论影响，认为“人是一个活生生的有血有肉有吊诡，一个对立物的结合：‘万物的裁决者，（又是）一个低能儿，一条蚯蚓（泥土中的小爬虫）’”[②]。因此，史华兹在1999年10月即他逝世前一个月完成的论文《中国与当今千禧年主义》中，明确提出人性“吊诡”（Paradoxes）说。他说：“人是一个吊诡，因为一方面有某种自主性，即他可以通过反思超越自身的利益和视野，从而做出真理的宣称（求真），并据以决定自身的行动（欲善）；但另一方面他又具有某种可堕失性，

① 美国汉学家本杰明·史华兹（Benjamin I. Schwartz，1916－1999），研究领域涉及中国近现代史、中国近代思想史和中国先秦思想史，代表作有《中国共产主义运动与毛泽东的兴起》（*Chinese Communism and the Rise of Mao*）、《寻求富强：严复和西方》（*In Search of Wealth and Power：Yen Fu and the West*）和《古代中国的思想世界》（*The World of Thought in Ancient China*）等。

② ［美］史华兹：《中国与当今千禧年主义》，1999年。引自于许纪霖、朱政惠编：《史华兹与中国》，吉林出版集团有限责任公司2008年版。

即由于判断失误或意志脆弱而造成失真或堕落。”“人性的吊诡更在于人性的这两个层面，不仅共存而且共生，因为倘若没有自主性，则人注定是一条泥土中的爬虫，堕失根本无从发生；倘若没有可堕失性，则人就将变成神，所谓自主性也就失去了任何意义。”①

在这种人性“吊诡”说思想指导下，史华兹对中国人性论特别是孟子的人性论进行了如下独特解析。

首先，由于他将“自主性”（Autonomy）作为人性两个层面中的重点，作为人与动物区别的主要标志，因而他从孟子的“人禽之辩”出发，“把伦理关怀作为人与高级动物之间的本质区别”。②正如孟子所说，人与动物的区别在于“几希”，即具有仁义礼智的“善性”乃是人区别于动物的本质。③

其次，史华兹还将这个“几希”理解为具有两层结构的“心”。从孟子的“心性说”④出发，将心分为两层。一层是“无为之心”，即具有自发、自生长性能的“四端”⑤，“四端”是成德的根苗，但是往往由于受到某种外界力量的不断引诱与摧残而逐渐萎缩。另一层是“有为之心”，即心有思想（“思”）、有意向（“志”）的活动。此心能超越自我，针对具体情况，在反思与熟虑的基础上作出道德裁决，据以展开道德实践。此两心中，史华兹认为“无为之心”更加重要，因“有为之心”必须不断保持与“无为之心”的接触，方能防止人“堕失”（Fallability），人也只有在不断的道德实践中才能“得到拯救”。⑥

孟子的性善论告诉我们人性内有种种善的成分，但同时他也承认人性内

---

① 林同奇：《两种幸福观和人性论：对史华兹“中国与当今千禧年主义”的解说》，选自于许纪霖、朱政惠编：《史华兹与中国》，吉林出版集团有限责任公司2008年版，第71页。

② 林同奇：《两种幸福观和人性论：对史华兹“中国与当今千禧年主义”的解说》，选自于许纪霖、朱政惠编：《史华兹与中国》，吉林出版集团有限责任公司2008年版，第71页。

③ 参看《孟子·离娄下》中的“人之所以异于禽兽者几希，庶民去之，君子存之”。

④ 参看《孟子·告子上》中的“乃若其情，则可以为善矣，乃所谓善也。若夫为不善，非才之罪也。恻隐之心，人皆有之；羞恶之心，人皆有之；恭敬之心，人皆有之；是非之心，人皆有之。恻隐之心，仁也；羞恶之心，义也；恭敬之心，礼也；是非之心，智也。仁义礼智，非由外铄我也，我固有之也，弗思耳矣”。

⑤ 《孟子·公孙丑上》中说：“恻隐之心，仁之端也；羞恶之心，义之端也；辞让之心，礼之端也；是非之心，智之端也。人之有是四端也，犹其有四体也。”

⑥ 林同奇：《两种幸福观和人性论：对史华兹“中国与当今千禧年主义”的解说》，选自于许纪霖、朱政惠编：《史华兹与中国》，吉林出版集团有限责任公司2008年版，第71~72页。

还有其他成分，这些成分本身无所谓善恶，但若不适当控制，就会通向恶。这些成分就是人与其他动物共有的成分，代表着人的生命的“动物”性。严格地说，这种人与动物共有的成分不应被当作“人”性部分。

笔者认为，史华兹人性“吊诡”说不无道理，因为人一半是天使、一半是魔鬼，人是个十足的矛盾体。人“天使”的一面能生出理想、诚实、爱心、正直、廉洁、无私、欢乐等善的因子；而人“魔鬼”的一面能生出邪恶、残暴、冷酷、奸诈、贪婪、嫉妒、狂傲等恶的因子。“天使”与“魔鬼”虽是一对不可调和的矛盾，但“天使”与“魔鬼”在鲜明对立的同时，也有彼此依赖甚至相互转化的可能。似乎可以这样说，正因为有“魔鬼”的存在，人们才愈加感受到“天使”的善良和可爱，从而激发人们积极向上、勇往直前地去追求真、善、美；同样，正因为有“天使”的存在，人们才愈加感受到“魔鬼”兽性的可憎，从而激发人们毫不留情地去同假、丑、恶作斗争，或制定若干制度来约束自己。人有“堕失”成“魔鬼”的可能性，否则人将变成神；也有一直向往真、善、美的取向，否则他将变成“它”。

（三）葛瑞汉[①]的宋明人论研究——“范式更替”说

葛瑞汉认为，中国思想史上有两个伟大的时期，一个是东周战国时期，另一个是宋代，其中他对宋代理学给予了高度的评价。在《程朱人性说的新意》一文中，葛瑞汉首次以“范式更替”（Paradigm - Shift）来对照中国宋代之前与之后的人性论研究观点。[②]

他认为，中国古代早期范式是围绕“人性先天”还是“后天的道德需求和事实”来展开辩论的。[③]《中庸》写道：“天命之谓性，率性之谓道。”它强调人的自然禀赋叫做“性”，顺着本性行事叫做“道”。但问题是，人的与生俱来的性是“善”、是“恶”，还是“不善不恶”、“既善又恶”呢？对其不同的解答，便出现不同的理论观点和无休止的争论。例如，孔子的“人之

---

① 葛瑞汉（Angus Charles Graham，1919 - 1991），英国汉学家，研究领域主要是中国哲学，代表作有《中国的两位哲学家：二程兄弟的新儒学》、《程朱人性说的新意》（*What was New in the Cheng - Chu Theory of Human Nature? in Chu Hsi and Neo - Confucianism*）等。

② ［英］葛瑞汉著，程德祥等译：《程朱人性说的新意》，选自于陈荣捷编：《朱熹与新儒学》，夏威夷大学出版社 1986 年版，第 138 ~ 157 页。

③ ［英］葛瑞汉著，程德祥等译：《中国的两位哲学家：二程兄弟的新儒学》，大象出版社 2001 年版，第 274 页。

初，性本善。性相近，习相远”[①]，告子的性“无善无不善”[②]，孟子的性善说[③]，荀子的“性恶说”[④]，以及西汉扬雄主张的人性“善恶混”说[⑤]，等等。

葛瑞汉认为，这些早期思想家主要从“性”是人类自发的倾向出发，强调“天命之谓性”之先天，但人类后天道德需求以及“恶就像善一样存在于人性之中”的事实，让他们的观点充满矛盾。[⑥]他的这个观点在倪德卫那里得到了呼应。汉学家倪德卫在《荀子论人性》中写道，《荀子·性恶》篇中说“人之性恶明矣，其善者伪”。毫无疑问，这是在强调“人性”是一种先天的、与生俱来的或“天命之谓性”。而《荀子·王制》篇中又有“水火有气而无生，草木有生而无知，禽兽有知而无义。人有气，有生，有知，亦且有义，故最为天下贵也。力不若牛，走不若马，而牛马为用”。倪德卫认为，这里荀子将“义”作为人的特有属性，人性是按他“该做的职责”去做，这无疑又在强调后天的道德事实或人类的道德需求。[⑦]

为了解决这些矛盾，葛瑞汉认为人性理论在宋代有了范式上的重大变革。

---

① 此段文字引自《三字经》。意思是说：人在最初，本性是善良的。这样善良的本性大家都差不多，只是在成长过程中，由于后天的努力、生活环境和学习环境不一样，品行也就有了好与坏的差别。

② 此段文字引自《孟子·告子》。告子说：“性，犹湍水也，决诸东方则东流，决诸西方则西流。人性之无分于善不善也，犹水之无分于东西也。”这样，现实中有善有恶就得到了解释。

③ 孟子说：“恻隐之心，人皆有之；羞恶之心，人皆有之；恭敬之心，人皆有之；是非之心，人皆有之。恻隐之心，仁也；羞恶之心，义也；恭敬之心，礼也；是非之心，智也。仁、义、礼、智，非由外铄我也，我固有之也。”（《孟子·告子上》）“人性之善也，犹水之就下也。人无有不善，水无有不下。”（《孟子·告子上》）“今夫水搏而跃之，可使过颡，激而行之，可使在山，是岂水之性哉，其势则然也，人之可使为不善，其性亦犹是也。”（《孟子·告子上》）也就是说，现实中有恶人，并不说明人性为恶，就像我们用力拍打水，使它跳跃起来，水可以高过人的额头；若堵截它，它会激流回旋，甚至停在山上。但这不是水性如此，而是外力使然。人，可以使他做不善的事，这种违背他善良本性的行为，跟让水违背它向低处流的行为，本质是一样的。

④ 荀子说：“人之性恶，其善者伪也。”（《荀子·性恶》）人性生而好利，顺之则争夺生，而辞让亡；人性生而疾恶，顺之则残贼生，而忠信亡；人性生而有耳目之欲，顺之则淫乱生，而礼义文理亡。因此，荀子呼吁：“立君上之势以临之，明礼义以化之，起法正以治之，重刑罚以禁之，使天下皆出于治，合于善也。”（《荀子·性恶》）即善人是后天的学习“礼义”，并付之于行动后才有的。

⑤ “人之性也，善恶混。修其善则为善人，修其恶则为恶人。”（《法言·修身》）

⑥ ［英］葛瑞汉著，程德祥等译：《中国的两位哲学家：二程兄弟的新儒学》，大象出版社 2001 年版，第 274 页。

⑦ ［美］倪德卫著，周炽成译：《儒家之道：中国哲学之探讨》，江苏人民出版社 2006 年版，第 252～253 页。当然，倪德卫最后认为，荀子很好地解决了这个所谓的“矛盾”：人们确实有一种理解道德需要的能力，是一种有意识地、有智能地付出行动且能满足这些需要的能力。但是这种能力不是人之性，而是别的东西，即“伪”。人是一种能创造其生活道德体系的动物，并能道德地感觉和思想的动物。

程颐是开创者，他给历史上（持续一千五百年）无休止的人性争论注入全新的概念。为了捍卫“性善”说，他将“理拔高，认为‘理’（Pattern）贯穿万物并把人和宇宙连在一起，把‘理’置于儒家概念的中心位置，重新解释天和性只不过是理的不同侧面而已”[①]。可见，葛瑞汉是以“理”的新概念来解决难题，来进行“范式”更替的。

葛瑞汉说：“早期的思想家们认为性是人类反应的自发倾向，在旧圈子里转来转去，找不出一个公式使性源于天之说与道德需要相一致。”[②] 而作为新儒学，程朱不再寻找这个公式，只需“承认这样一个简单的事实，即每个人的性是由各自不同程度的善恶混合而成”即可。因为这种意义上的“性”由于个人气质的不同而有差异，即气质之性，但在“气质背后（才）是人之本性，也就是人类反应的一般方式，即它们的理”[③]。这个范式的创新在于，“它使知等同于理，贯通于气”。“人的反应因‘知’而随之变化，每个人的反应之理只是普遍之理的一隅。普遍之理进入他的知，改变他的反应，使其由自私转为无私，直到这样的程度：他成功地冲破自身浑浊之气的障碍，获得通观全体的能力。”[④]

这样，“理”贯穿于由气凝聚而成的物的三维中，便形成理之三维结构，即道之理——规定万物运行的路线；天之理——理独立于人的欲望，并通过天施加于人；性之理——理与我心中之次理相通，即为“人的本性（Basic Nature）”[⑤]。实际上，人的本性即是理，是心中之“次理”（Subpattern）。因此，程朱主张性善论，因为顺天理而来的人之本性肯定为善，至于恶，那是气质之性的变动不定所致，从而时常表现为自发倾向的恶或善。

葛瑞汉肯定“人是由自然界‘生’出的，不是由宇宙之外的‘某人’创造的”。正因为如此，“人的生命与宇宙自然界息息相关而不可分离，自然界

---

① ［英］葛瑞汉著，程德祥等译：《中国的两位哲学家：二程兄弟的新儒学》，大象出版社 2001 年版，第 275 页。

② ［英］葛瑞汉著，程德祥等译：《中国的两位哲学家：二程兄弟的新儒学》，大象出版社 2001 年版，第 292 页。

③ ［英］葛瑞汉著，程德祥等译：《中国的两位哲学家：二程兄弟的新儒学》，大象出版社 2001 年版，第 292 页。

④ ［英］葛瑞汉著，程德祥等译：《中国的两位哲学家：二程兄弟的新儒学》，大象出版社 2001 年版，第 292 页。

⑤ ［英］葛瑞汉著，程德祥等译：《中国的两位哲学家：二程兄弟的新儒学》，大象出版社 2001 年版，第 286 页。

不是纯客观的认识对象，不能对之进行静态分析，自然界是人的生命源泉，人是自然界的组成部分，因而不可能发展出西方式的‘客观主义’，而只能是生命体验式的认识”[①]。这种理解方式与中国传统的核心理念“天人合一”相合，也是大多学者和汉学家所知道或认可的。但是，将中国古代人性论的发展史以“范式更替”（Paradigm - Shift）来解读，我认为葛瑞汉属第一人。当然，这种解读似乎有忽略程朱人性论与前人研究的关联之嫌，特别是与孔孟的内在一致性，因为“范式”容易给人产生一种“断裂”之感。

（四）郝大维和安乐哲[②]的中国人论研究——“场域—焦点模式”

何谓“场域—焦点模式”（Field - Focus）？从字面上看，这一模式由“场域”（Field）和“焦点”（Focus）两个概念组成。“个人就是指‘具体的焦点’（Particular Focus）。这种个人性在于人的关系已经获得了质素。一个人成为‘为人公认’、‘杰出’或‘知名’，是由于他（或她）具有关系上的质素。”[③]“场域”就是“事物的现实”[④]，即个人生存的共同体环境。

那么，“场域—焦点模式”下的人是怎样的呢？安乐哲和郝大维用古典中国传统概念“气”、“义”和“心”来加以说明。“气”是指阴阳之气，他们认为此“‘气’既是一个场域又是一个焦点，既是环境又是个人”[⑤]。因此，在场域—焦点模式中，“个人不被认为是其所属的社会的一部分，而是构成社会的经验与互动的富有成果的焦点”[⑥]。

---

① 蒙培元先生在《关于新儒学中的理性问题——评葛瑞汉〈二程兄弟的新儒学〉》（载于《诠释与建构——汤一介先生75周年华诞暨从教50周年纪念文集》，北京大学出版社2001年版）一文中，从新儒家“理”的角度评价了葛瑞汉对人的理解，但没有谈到其“范式更替”理论。

② 安乐哲（Roger T. Ames），现任夏威夷大学哲学系教授，先后翻译多部中国哲学经典，如《论语》、《道德经》、《中庸》等。其代表作有：《孔子哲学思微》（*Thinking through Confucius*）、《汉哲学思维的文化探源》（*Thinking from the Han: Self, Truth, and Transcendence in Chinese and Western Culture*）和《先贤的民主：杜威、孔子和中国民主之希望》（*The Democracy of the Dead: Dewey, Confucius, and the Hope for Democracy in China*）等。美国学者郝大维也是一位哲学家，主要从事文化哲学和过程哲学研究，对中国文化也有很深研究。

③ ［美］郝大维、安乐哲著，何刚强译：《先贤的民主：杜威、孔子与中国民主之希望》，江苏人民出版社2004年版，第119页。

④ ［美］郝大维、安乐哲著，何刚强译：《先贤的民主：杜威、孔子与中国民主之希望》，江苏人民出版社2004年版，第113页。

⑤ ［美］郝大维、安乐哲著，何刚强译：《先贤的民主：杜威、孔子与中国民主之希望》，江苏人民出版社2004年版，第114页。

⑥ ［美］郝大维、安乐哲著，何刚强译：《先贤的民主：杜威、孔子与中国民主之希望》，江苏人民出版社2004年版，第114页。

"义"可以"解释为一种美学的正当，让人们注意一具体环境之中的具体东西成功地置于一定的位置。……要解决的是个人在其所处共同体中的合适位置的问题"[①]。"义"不是完全意义上的"义务论"，而是基于一种和谐的愿景，是构成个人的和谐关系的具体模式。在此模式中，人不是独立于行动之外的行为者，而是整个行动过程中的角色和关系。

"心"在古代中国既是意识器官，又是思维和感情器官，且"排除任何思维与感情，或思想与情绪的区别"[②]。正如《孟子·告子上》所云："耳目之官不思，而蔽于物。物交物，则引之而已矣。心之官则思，思则得之，不思则不得也。此天之所与我者。"《孟子·尽心上》也有类似说法："尽其心者，知其性也，知其性则知天矣。"

可见，郝大维和安乐哲认为，"古典中国传统设定人是某个行为者（Does），而不是某个身份者（Is）。个人即是其如何（How）在人的共同体环境下处事"[③]。当然，他们在承认共同体环境下的人的同时，也强调"个人"这个词有"具体的焦点"之意。换句话说，即"个人的定义绝对是社会性的，它当然排除了自主的个人性。虽然如此，这却不排斥第二个也是为人较少熟悉的概念，即作为具体焦点的独特个人性的概念"[④]。其实，安乐哲曾经对孟旦等汉学家的"自我"观提出了批评。他说："孟旦等学者的说法实际上是黑格尔描绘的那种'空心人'模式的变种，它们只注意到中国传统自我观的一个方面，即从人的社会性、人与人的关系方面规定自我，以为在中国传统中群体的利益与个体的利益完全相互排斥。实际上儒家肯定人们之间的相互依赖并不是抹杀自我，避免自私的念头并不必定导致压制自我；儒家反对自私是因为它妨碍个体的精神成长和自我实现。"[⑤]笔者认为，这样的批评虽有道理，但安乐哲并没有完全驳倒孟旦的观点。因为儒家伦理既偏重人与人、人与社

---

① ［美］郝大维、安乐哲著，何刚强译：《先贤的民主：杜威、孔子与中国民主之希望》，江苏人民出版社2004年版，第116页。

② ［美］郝大维、安乐哲著，何刚强译：《先贤的民主：杜威、孔子与中国民主之希望》，江苏人民出版社2004年版，第114页。

③ ［美］郝大维、安乐哲著，何刚强译：《先贤的民主：杜威、孔子与中国民主之希望》，江苏人民出版社2004年版，第112页。

④ ［美］郝大维、安乐哲著，何刚强译：《先贤的民主：杜威、孔子与中国民主之希望》，江苏人民出版社2004年版，第112页。

⑤ 转引自施忠连：《近十年美国儒学研究之进展》，载上海中西哲学与文化比较研究会编：《时代与思潮》（第六期），学林出版社1998年版，第229页。

会之间的关系的和谐，又注重社会整体的安定平和，但它在本质上不能超脱家庭或家族的自然关系网络，所以它既不能真正树立起全民性的集体主义价值坐标，也不能培育出以平等、民主、自由和人格独立为价值基础的西方式人道主义道德精神。可见，这里所说的个体与西方语境下完全独立的个体有着很大的差异。

郝大维与安乐哲还认为，中国传统人性论与杜威的实用主义人性观十分类似。因为杜威的人性论与“西方极端个人主义观点相反，强调通过共同互动与交流而实现的社会性的概念。个人的生活就是集合的生活。个人都成为独特的人，是通过参与并与其他人交流而实现的，这有助于丰富个人自己与他人的经验”①。他们进一步解释说：“人只生活在共同体中，通过这种共同体，我们由于介身于谈论才会与别人谈论，介于别人爱自己的环境才会去爱别人。”②

当然，他们也提醒我们，中国传统人性论与杜威的实用主义人性观不尽相同。因为“儒学传统的哲学基础直接包含自我或个人的场域概念，而实用主义的社群主义则必须针对占主导地位的哲学发展史进行立论，后者包括上述独立个人的种种模式”（如柏拉图式完全独立灵魂的自我意识个体、霍布斯式的相当个人性的原子主义个人、奥古斯汀式的被赋予独立意志能力后的“表现性自我”个人以及实用主义的社群主义个人等）。③而前者，即中国古代文化主导的场域中的概念，却没有任何像对自然或对人的原子主义的理解。

综上所述，笔者认为郝大维、安乐哲非常聪明地将中国古代文化定义为一种强调礼仪的美学特征的礼仪主义的传统文化，将人视为“场域—焦点”式的个体。他们确信，“礼仪生活加上人的美好的生活环境，大概不会给个性带来任何压抑”④。然而他们忽视了一点，即“礼”更多的是一种实体性的制度。人们看似没有太多人性或个性的压抑，是因为个体只是作为一种制度

① ［美］郝大维、安乐哲著，何刚强译：《先贤的民主：杜威、孔子与中国民主之希望》，江苏人民出版社2004年版，第111页。

② ［美］郝大维、安乐哲著，何刚强译：《先贤的民主：杜威、孔子与中国民主之希望》，江苏人民出版社2004年版，第112页。

③ ［美］郝大维、安乐哲著，何刚强译：《先贤的民主：杜威、孔子与中国民主之希望》，江苏人民出版社2004年版，第112页。

④ ［美］郝大维、安乐哲著，蒋弋为译：《孔子哲学思微》，江苏人民出版社1996年版，第14页。

性的社会角色而出现，还不具备真正意义上的自我。

（五）孟旦的中国人论研究——“自然伦理主义”

在国外汉学家中，孟旦对中国人性论的研究应该是最全面、最深入的。香港中文大学的刘笑敢先生甚至称其为“研究比较哲学与人性论的巨擘”[①]。是什么决定了人性之基础的伦理规则与道德选择的合理性？基督教的回答是外在的、超越的存在物——“上帝”，人类学家的回答是一个特殊社会中的人民和权威的意志，功利主义的回答是人性先天构成中的人之先天生理和心理特点，而儒家的回答是人性先天构成中人之先天道德感。可见，孟旦是从“自然伦理主义”去解读儒家的人性论的。

在先秦语境中，孟荀儒家甚至道家和法家也分别从不同角度强调人性先天构成，强调与生俱来的“自然平等”之人。“儒家把人定义为既有与其他动物相同的许多生物性质，又拥有一种独一无二的属性（即人拥有能辨别‘贵贱’、‘是非’等天生特性的心）的动物。”[②] 人性既包括人与其他动物共有的特性（如食、色、性等）；又包括人与动物不同的特有的社会性，如那种动物所没有的能够评判事物贵贱、是非或宜否的“评价之心”。[③]这样，人是社会性的动物，一切人生来都平等地被赋予了能够评价物体、活动、地位或事件的天然差异、是非以及事物或行为合适与否的“评价之心”；同时他们又有着相同的生物特性，对相同的状况（如恐惧、欺骗、饥饿、亲情等）会作出相同的反应，因此他们是自然平等的。[④]

但是，众所周知，中国人中存在很多不平等之处，如何能从“自然伦理主义”的先天平等出发呢？孟旦解释说，人在先天上是自然平等的，因为人后天对自己的“评价之心”的运用程度之不同，所以人们在后天上呈现出不平等。“小溪”（Stream）所比喻的平等之人与“家”（Family）所比喻的等级之人并不矛盾。“家庭”象喻强调的是一种秩序和公正，强调社会角色作

---

① 刘笑敢：《研究比较哲学与人性论的巨擘——孟旦的中国哲学史研究》，载傅伟勋、周阳山主编：《西方汉学家论中国》，正中书局1993年版，第173页。

② Donald J. Munro, *The Concept of Man in Early China*, New York: Stanford University Press, 1969, p. 68.

③ Donald J. Munro, *The Concept of Man in Early China*, New York: Stanford University Press, 1969, p. 12.

④ Donald J. Munro, *The Concept of Man in Early China*, New York: Stanford University Press, 1969, p. 15.

用的发挥，突出表现了在等级制社会中与个人角色地位相一致的价值观，这些价值观包括“忠”、“敬”、“孝”和家族情感优先等，既显现为一种“亲亲”原则，又在社会实践中表现出平稳、有序的等级制体系。“小溪”的形象可用来解释潜在的和实际的人性，例如，“水之就下”就如“人之向善”，水之源头是纯净的就如人的本性是“善”的一样；水之流动若按恰当的方向进行便称为“义”，“爱”与“孝”之“仁”就像水之流动能贯穿万物，等等。①

孟旦也意识到，中国人不同于功利主义，虽然重视人性先天构成，却有所偏重。中国哲学家不太重视人的生物性一面，而强调人的先天道德感，特别是在20世纪50年代至70年代更加强调人的社会性本质。在实际的社会生活范围内，人是作为一个社会的存在而参与其中的，而不是作为一个纯粹自然的、生理的或生物的人出现的。孟旦认为，20世纪50年代至70年代的中国人几乎没有信仰上的私人领域，也没有那种能决定人之个性的唯一的、先天的内在力量的存在。它有的只是关于信仰、感情和行为复合的心理原则以及社会影响下的思想“可塑性”（Plasticity）。对于转变人的社会性，政府的教育作用是十分突出的。②

除“自然伦理主义”特征之外，孟旦还在《个体主义与整体主义：儒家和道家的价值观研究》一书的序中，将人性放到“整体主义”（Holism）的哲学框架下去思考，因为中国家庭的“义务”和“合法的期望”是社会等级系统中角色功能的体现，而不是构成人的具体特性（如人的需要、兴趣和权利等）的功能的体现。③通俗地说，中国人是为“义务”和“期望”而活，为“天”而活的，“我”与他人或他物是融为一体的，强调部分与整体之间的和谐性和物我统一性以及“天人合一”。④

在中国人论研究的基础上，孟旦从生物学、比较人类学及其他社会科学

---

① Donald J. Munro, *Images of Human Nature: A Sung Portrait*, Princeton: Princeton University Press, 1988.

② Donald J. Munro, *The Concept of Man in Contemporary China*, Ann Arbor: University of Michigan Press, 1977.

③ Donald J. Munro, *Individualism and Holism: Studies in Confucian and Taoist Values*, Ann Arbor: University of Michigan Center for Chinese Studies, 1985. p. 20.

④ Donald J. Munro, *Individualism and Holism: Studies in Confucian and Taoist Values*, Ann Arbor: University of Michigan Center for Chinese Studies, 1985. p. 20.

的研究成果中找出了中西方人性的普遍性，也找出了中西方文化的契合点。他认为人的先天构成（如人的先天生理和心理上的自私以及人与生俱来的道德感等）将成为普遍人性的基础。但这两种先天构成不能偏移，否则不论偏向哪一面，都会损害人的本质。事实上他们是可以协调的，如当敌人出现的时候，一只报警的鸟会唤醒其他的鸟，但同时也会将自己的栖身处暴露给捕食者。就眼前来看，这只报警的鸟牺牲了自己的利益，可是若从长远角度看，它的亲属以及其他的鸟将会受益，而且其中的某些鸟也很可能在他日向这只报警的鸟作出回报。这虽然是一个动物界的例子，可是很能说明孟旦所说的人性论观点。

小 结

从20世纪开始，通过一批西方本土汉学家对中国哲学的不断探索，使西方的中国人论研究逐步摆脱了“西方中心主义”，并形成了与其本土文化和哲学对话的态势。一般来说，研究“人是什么”是一个哲学家所必须面对的问题，上述汉学家对中国人的问题或社会问题的解决，也都着眼于此。笔者不仅为他们独特的研究视角所折服，更为他们所做的工作而叹服。

当然，安乐哲说，英美有“一些研究中国文化的学者倾向于相信，归根结底中国人与他们非常相像；另一些人则不以为然。一些人认为在所有差异的背后，始终有一种对人的问题的关注，这一点从根本上将所有的人等齐划一；另一些人则认为在较为表面的、不大有趣的生理或其他明显非文化意义上的相同现象背后（如一个头、两只耳朵等），有着深刻而奇异的差别。这些差别来自受文化制约的思维方式和生活方式。一些人认为不视人类共同性为最重要的特性，就是否认中国人的人性；另一些人则认为强调这种本质化的共同性就是否认中国人的独特性”[①]。笔者认为，我们既要承认人类具有共同性，又不能将所有的人整齐划一，即不能否认中国人的独特性；既要承认表面的、生理的区别，又不能否认文化内涵对人的影响。关于这方面的研究，海外汉学家已取得了很大成就，其中一些英美汉学家已达成许多共识，如：

第一，从他们对中国人论的研究中，我们可以找到一些十分有价值的闪光点，这些闪光点也许是那些完全囿于中国传统文化的中国人从自己本文化

① ［美］郝大维、安乐哲著，蒋弋为译：《孔子哲学思微》，江苏人民出版社1996年版，序言第5页。

的角度看不到的东西，正如完全限于中国传统眼光的“易学家们”不可能像莱布尼茨受《周易》阴阳概念的启发而发明“二进制”一样。例如，史华兹以“无为之心”和“有为之心”来解读孟子的“心”之结构；赫伯特·芬格莱特用音乐的比喻说明孔子“民主人文主义”的人论思想；孟旦以“自然的平等”观念描绘古代人论，以“象喻”描绘朱熹人性论，以“可塑性”界定“当代”人性论等。这里说的不是他们的“共识”，恰恰是他们的不同点。

第二，他们对中国人论的研究，虽然角度不同，但都能把握住中国人论的实质。例如，孟旦的“整体主义说”、赫伯特·芬格莱特的“音乐说”，以及安乐哲将人作为“关系上的质素”等，都抓住了中国人是社会关系的集合、社群中的成员，个人只有从社会关系和社会角色中才能体现出个人与他人密切相关等本质特征。这种特质，完全不同于西方那种割裂个人与社会、个人与自然的关系，将人抽象出来或独立出来的东西，在这一点上这些汉学家是达成共识的。

第三，与西方学者主流观点有别，他们明确地或有同情地认可中国有“个体”、“自由”或“自我”等存在。对于中国人论是否有西方哲学语境中“我”的看法①，他们似乎都认可中国人是“被弱化”了的或个性不太鲜明的“个体”，也都表达了中国哲学语境中并不是没有“自我”或“个体”，只不过是与西方个体概念相区别而已。赫伯特·芬格莱特明确提出：“关于个人意志及其所表达的自我的角色，孔子是持肯定而非否定态度的。”②“从《论语》中获得的自我概念，是一个自我省察和自我调节的个体；是一个与他人截然不同的自我。”③ 安乐哲也赞同此观点，他认为：中国人并非没有自我或丢失自我，他们是一个个鲜活的个体，只不过这种自我是在必要时为高尚的事业或国家集体利益而牺牲的自“我”，至少可以说他们是一种自我克制、“自我舍弃”（Self-abnegation）的“己我”。

当然，汉学家们也注意到：中国人不是由内在灵魂定义的自我，也不是

---

① 西方哲学语境中“我”主要强调：真正的个体应该具有“理性”、“意志”、“自由”或“人权”等。

② ［美］赫伯特·芬格莱特著，彭国翔、张华译：《孔子：即凡而圣》，江苏人民出版社2002年版，第130页。

③ ［美］赫伯特·芬格莱特著，彭国翔、张华译：《孔子：即凡而圣》，江苏人民出版社2002年版，第129页。

由上帝赋予的与生俱来的、自由的个体，而是“一首美妙音乐的表演者”，他们的个性或自我就是在这种“表演中”塑造和形成的；他们虽不能脱离“场域”而存在，但他们却是场域中的焦点；他们虽有与生俱来的“自然平等”，但后天的人性可塑才是主导理念。

第四，他们对中国人论的研究目的不是要对中国文化指指点点，也不是要推销西方自由主义或“西方中心主义”的思想，而是暗含了他们赞同中西文化能够融合或互补的心声。正如汉学家罗斯蒙特在《一面中国的镜子》中所说，“儒家关于人的理论可以弥补西方人权概念的局限性”[①]。孟旦就是实例，他本人的人性论观点就是中西合璧的产物，是西方穆勒的功利主义思想与中国儒家的“亲亲”原则相结合的产物。他认为人类的基因中不仅有利己主义的种子，而且还有互惠的利他主义的种子；人性中不仅有人道主义的义务，而且有优先对待自己亲人的想法。于是，他利用进化生物学、比较人类学及其他社会科学的研究成果来支持儒家的传统观念，为化解传统儒学的内在矛盾提出了新的理论和新的方法。

汉学家对中国人论的研究有共识，更有差异。如他们虽然都将人的定义置入中国古代哲学核心词汇（如礼、仁、智）的语境中，但其解读角度和内涵不同。如赫伯特·芬格莱特从“仁”出发，强调人的神圣性，指出人是礼仪的存在；而史华兹将“仁”指称为个人的内在生活，强调人的内在品质，强调人的“心理”和情感方面。

当然，他们对中国人论的研究不可能是十全十美的。如他们大多依靠的是翻译后的二手文献（如将文言文译成英文的文献），这些在“西化了的原著”基础上的成果[②]，很难说服中国读者。他们在阐述中国人论思想时，有意无意地使用了西方文化的思维方式，特别是对中国“当代”人论的研究，或多或少、有意无意地烙上了“意识形态”或“冷战思维”的印记等。

---

① 施忠连：《近十年美国儒学研究之进展》，载上海中西哲学与文化比较研究会编：《时代与思潮》（第六期），学林出版社 1998 年版。

② 梁海波在论文《〈论语〉英译中的文化误读：从理雅各到安乐哲》中，指出了中国经典被翻译后的因语言理解不足而造成的误读和因文化缺失而引起的误读等。

附录四：“无为而治”与儒家的政治哲学

提起“无为而治”，人们一般都认为它是道家之“专利”，其实这是一种误解。在治国方面，儒、道两家之手段在初级阶段也许有重大差异，一个是积极进取，以乐观的态度“入世”；另一个则是采用以柔克刚，以弱胜强，以退为进，以似乎“消极”的态度来治国。但笔者认为，在终极阶段，儒、道两家之手段却惊人地一致，都采用“无为而治”的方式。只不过道家主张“道法自然”，以清静无为、返璞归真来达到“无为而治”的境界；而儒家却主张“为政以德”、“任官得人”、“行其所无事”，以任人唯贤、尊德重教、顺自然、得民心的方式，在“浴乎沂，风乎舞雩，咏而归”的意境中寻找到一片人间乐土。因此，“无为而治”是儒、道两家共同的终极理想和最高目标。

孔子早有“无为而治者，其舜也与？夫何为哉？恭己正南面而已矣”[1]之说。他认为，舜具有“圣人气象”，并达到了“无为而治”的境界。从现代管理学角度来看，“无为而治”便是以最少的领导行为取得最大的管理效果，即“极小—极大”原则。“九为而治”在道、儒、法家思想中都有体现，即便只在儒家经典中都有多层面、多角度的体现。本书便从“圣人气象”的角度来阐述儒家的“无为而治”思想。

“浩然之气”、“曾点气象”、“孔颜乐处”、“垂衣裳恭己无为而天下治”等文字都是对“圣人气象”的描述。圣人为何而“乐”？为何有此“气象”？

从语义学角度看，“气象”一词既可描述自然人物风貌，又可展示人的精神气质，甚至可以指代人们所向往的“人与天地万物同”、“其乐融融”的境界。“气象”一词相当于冯友兰先生所应用的“境界”范畴[2]，具有形上

---

① 《论语·卫灵公》。

② 冯友兰：《中国哲学史新编》（第五册），人民出版社1985年版，第122页。“气象”依照冯友兰先生的理解，就是“人的精神境界所表现于外的，是别人所感觉的”那种“气氛”。

性、空灵性、“无化”性，更以理性或哲理的方式建构人生之终极关怀。从儒家思想内涵来看，真正的圣人不仅能“修身”成为“内圣”，而且还应该能通过“安人”、“安百姓”成为“外王”，两者缺一不可。当然，这只是一种理想状况，正因为如此，孔子本人也不敢自称为“圣”。因而，“圣人气象”不仅是圣人“安贫乐道”、“独善其身”崇高品质的体现，更是孔子“人人各得其所”的志向、“安人”“安百姓”的追求以及“兼济天下”的崇高政治理想之外显。

崇高的精神气质，使圣人呈现出“仁”、“和”、“乐”以及“与天地同”的原初性生命本然状貌；远大的政治理想，使他具有以“为政以德”、“任官得人”、“行其所无事”等“无为而治”的自然方式去建构和谐社会的“圣人气象”。

（一）“仁”的精神与“为政以德”

“圣人气象”首先体现了圣人“仁”的精神。作为中国人文精神的本源，“仁”既是中华民族崇尚的传统美德，又是儒家最高的道德理念。这种“仁”爱精神不仅表达了“仁者爱人”、“泛爱众而亲仁”的圣人内在精神风貌，也显现出圣人“为政以德”、“仁政”的外在政治主张。

“为政以德”即以“德”治国，以仁爱为主。而儒家“圣人气象”之“气”便是以“德”为内涵的。较早将“气”赋之于人类之精神品格的是孟子。他认为“气”是宇宙间的“至大至刚”之崇高精神力量，也是人能与天地相参的重要方面，而这种“气”不只是自然界的空气、大气之义，而且是一种只有人才具有的道德精神之“浩气”。因此，他特别倡导“养浩然之气”，以大其心、大其人。孟子说：“君子所性，仁义礼智根于心。其生色也，睟然见于面，盎于背，施于四体，四体不言而喻。”① 也就是说，君子盖气禀清明，无物欲之累，则性之四德根本于心，其积之盛，则发而着见于外者，不待言而无不顺也。朱熹对此段作出解释说：“仁义礼智充溢于中，悴然见面盎背，心广体胖，便自有一般浩然气象。”②可见，儒家“圣人气象”之“气”属于孟子所说的“浩然之气”，它是由“德”而生的。

有此“气”者，定有此“德”，可治国治人于无形之中。如孔子说：“为

---

① 《孟子·尽心上》。

② （宋）朱熹：《朱子语类》卷五十二，中华书局1986年版，第1213页。

政以德，譬如北辰，居其所而众星共之。”（《论语·为政》）[1]“其身正，不令而行；其身不正，虽令不从。”[2]可见，在孔子看来，管理者要讲道德，并以之作为自己的治国方针，就可以取得“无为而治”的效果。这就像北极星一样，处于一定的位置，别的星辰都环绕着它运行。同样，管理者“其身正”便可“不令而行”，人民以他为榜样自然而然地照着去做。这种以“德”治国的方式是一种极高明的政治手段，即“无为而治”。

孟子与荀子也有相似的政治主张。如孟子说：“上有好者，下必有甚焉者矣。君子之德，风也；小人之德，草也。草尚之风，必偃。”[3] 意思是说，圣人有德，则小民自然而然从之，就如小草自然而然地随风摆动一样。荀子也说：“君者仪也，民者景也，仪正而景正；君者槃也，民者水也，槃圆而水圆。”[4] 也就是说，君有德，有仁爱之心，则民效仿之。君主如日晷，人民如影子，日晷正则影子正。同样，槃圆则水圆，水随容器形状而改变，一切都是自然而然的。

由此可见，圣人只要善于抓住道德纲领，“爱人”、“亲仁”，做好榜样，则无须事事亲力亲为，就能达到“无为而治”之境界。

（二）“和”的风貌与“任官得人”

“圣人气象”其次展现了圣人“和”的风貌。这种“和”的精神不仅表达了圣人“和善”、“谦逊”的内在精神风貌，也显现出圣人“任官得人”，“胸怀天下”，让所有人安居乐业，建立和谐理想社会的外在政治主张。

第一，“和”表达和谐、和善之义。“圣人气象”常常以圆融合一的审美情状出现，充分地表现了圣人与自然、与社会交融一体的和谐之美。这种“气象”具有“和”之韵。“和”也是儒家学说的最高价值追求之一，是礼文化的精髓，既有和谐、和善之义，又有协调、适度与多样性统一的含义。朱熹在解释“礼之用，和为贵”时，说“礼者，天理之节文，人事之仪则

---

① 朱熹《四书章句集注》“《论语·为政》注”将其注解为：“为政以德，则无为而天下归之”，“为政以德，则不动而化，不言而信，无为而成。所守者至简，而能御繁；所处者至静，而能制动；所务者至寡，而能服众”。

② 《论语·子路》。

③ 《孟子·滕文公上》。

④ 《荀子·君道》。

也。和者，从容不迫之意。盖礼之为体虽严，而皆出于自然之理，故其为用，必从容而不迫，乃为可贵”[①]。也就是说，圣人在与他人、群体交往时，通过对礼的体认而与他人共同接受礼的制约，使彼此相互理解与沟通，以达到同心同德、协力合作，消除彼此间的隔阂，从而实现天下和谐的局面。圣人能与他人和谐相处、互相信任，则泰然处世而达“无为而治”的效果。

朱熹解释“子与人歌而善，必使反之，而后和之”时，说：“此见圣人气象从容，诚意恳至，而其谦逊审密，不掩人善又如此。盖一事之微，而众善之集，有不可胜既者焉，读者宜详味之。”[②] 这里是说，孔子呈现圣人气象，他有诚意、谦逊且与人为善。朱熹认为“圣人气象”之基本意蕴在于：“盖动容貌而能远暴慢也，正颜色而能近信也，出辞气而能远鄙倍也。三者道之得于身者也，所谓本也。”[③] 其实，朱熹所说的远暴、近信、远鄙三者，乃圣人之“和”，表现为“动容貌”、“正颜色”、“出辞气”之风貌。

第二，圣人“任官得人”，即善于用人、能集众人之长，也呈现出“和”的风貌。如“昔者舜左禹而右皋陶，不下席而天下治”[④]，“故王者劳于求人，佚于得贤。舜举众贤在位，垂衣裳恭己无为而天下治”[⑤]。舜利用禹治水之专长，任命其为“司空”，主持政务、统率百官、治理水土；舜又根据皋陶之特长，任命其为法官，掌管刑律法制；舜还任命契担任“司徒”，等等。因为舜善于用人，能集众人之长，所以舜能“不下席而天下治”、“垂衣裳恭己无为而天下治”，可谓“无为之治”也。

孟子也说：“故将大有为之君，必有所不召之臣；欲有谋焉，则就之。其尊乐道，不如是，不足与有为也。故汤之于伊尹，学焉而后臣之，故不劳而王；桓公之于管仲，学焉而后臣之，故不劳而霸。”[⑥] 汤善用伊尹、桓公善用管仲，便可“不劳而王”、“不劳而霸”，进入“无为而治”的理想境界。正如赵岐《孟子注》中所说：“言任官得其人，故无为而治。”

第三，大“和”，即圣人胸怀天下，让所有人安居乐业，建立和谐的理

---

① 《四书章句集注》《论语·学而》注。
② 《四书章句集注》《论语·述而》注。
③ （宋）朱熹：《朱熹集》，四川教育出版社 1995 年版，第 3534 页。
④ 《大戴礼记·王言》。
⑤ 《新序·杂事三》。
⑥ 《孟子·公孙丑》。

想社会。如程颐解读“曾点气象”①：“子路、冉有、公西华皆欲得国而治之，故孔子不取。曾皙狂者也，未必能为圣人之事，而能知孔子之志，故曰：‘浴乎沂，风乎舞雩，咏而归’，言乐而得其所也。孔子之志在于‘老者安之，朋友信之，少者怀之’，使万物莫不遂其性，曾点知之，故孔子喟然叹曰：‘吾与点也’。”②在这里，程颐认为孔子反对子路等“皆欲得国而治之”，而赞同曾点“老者安之，朋友信之，少者怀之”的和谐思想以及仁爱之心的“尧舜气象”。在“浴乎沂，风乎舞雩，咏而归”的境界中，充分展现了圣人“仁爱”他人，使老者、朋友和少者和谐相处、安居乐业的情怀。这难道不是一种“无为而治”的境界吗？

由此可见，圣人善于用人，能集众人之长，能抓一纲而及十目，能与他人和谐相处、互相信任，泰然处之而达“无为而治”。

（三）“乐”的情怀与“日用天理”

“圣人气象”还体现了圣人“乐”的情怀。这种“乐”的情怀不仅表达了圣人“安贫乐道，独善其身”的内在精神境界，而且显现出圣人于“孔颜乐处”、“兼济天下”，“日用之间”、“天理流行”的外在政治主张。

这种“乐”的情怀呈现为自然生命与精神生命“上下同流”、其乐融融的状态。老子提倡“无为”也就是为了获得这原始混沌之本然状态之“美”、“至乐”和“真人”。它与儒家“乐”之精神实际上有着极大的内在一致性。两者的目的都是为了使人获得“本真”、“至乐”，真正提升人的精神境界。

“饭疏食饮水，曲肱而枕之，乐亦在其中矣。不义而富且贵，于我如浮云。”③此处可见孔子平淡而高尚的生活情趣，所以他对颜回甘守贫困而持正义的行为极为赞赏：“贤哉，回也！一箪食，一瓢饮，在陋巷，人不堪其忧，回也不改其乐。贤者，回也！”④ 于是，后人便有“孔颜乐处”和“孔颜之乐”的说法。⑤那么，孔颜所乐何事？“乐”中有无政治理想？对此，姚瀛艇早有回答：“勤奋好学，安贫乐道，穷则独善其身，达则兼济天下，这就是孔颜乐处。这里面既有政治理想，又有精神境界；既有积极进取的淑世精神，

---

① 《论语·先进》。

② （宋）程颐、程颢：《二程集（二）》，中华书局1984年版，第369页。

③ 《论语·述而》。

④ 《论语·雍也》。

⑤ 《四书章句集注》《论语·雍也》注。

又有善与人同的高尚情操。"[1]

可见，圣人之"乐"不仅有崇高的精神境界，同时也体现了圣人胸怀天下的政治理想。也就是说，圣人在日常百姓生活的细小器物鸟虫之中去感悟"大美"之宇宙情怀时，也可深入开发心灵内在精神境界的"大美"意象，从而达到崇高政治理想和高尚情操相互融合之"乐"的境界。当然，在圣人这些"大美"而乐观的生活方式中，也充分体现了"日用之间，莫非天理"的治国方略。因为安邦治国等实用价值，正以"天理流行"为底蕴；因为在在处处"莫非天理"，所以"在在处处，莫非可乐"。因而圣人通过看似无为的日用之事，守贫困、持正义且不改其乐而达到治天下之目的。

如"曾点气象"一段中这样描述：在一次闲居中，孔子与弟子各言自己的志向，子路、冉求、公西华皆言及理政之志，孔子并没有表示出太大兴趣，当曾皙讲到"暮春者，春服既成，冠者五六人，童子六七人，浴乎沂，风乎舞雩，咏而归"时，孔子被这种境界打动，于是"喟然叹曰：'吾与点也。'"[2]孔子之所以赞同曾皙的志向，一者是因为曾皙描绘出一幅生活的乐图；二者是因为"曾点见得事事物物上皆是天理流行。良辰美景，与几个好朋友行乐。他看那几个说底功名事业，都不是了。他看见日用之间，莫非天理，在在处处，莫非可乐。他自见得那'春服既成，冠者五六人，童子六七人，浴乎沂，风乎舞雩，咏而归'处，此是可乐天理。"[3]朱熹在此认为，"曾点气象"是一种"人欲净尽，天理流行"的状态，是宇宙人生的真实性状，故达到"与天地万物上下同流"的境界。此境界表现为"胸次悠然"的"气象"，也就是程颢所谓的"尧舜气象"。当然，有此境界和气象，并非表示要离群索居于世外，而是"即其所居之位，乐其日用之常"，也就是在平常的生活中怀有此境界并自感其乐。通俗地说，"事父事君，是妙道"，"担水砍柴，也是妙道"。我们不可于日用常行之外求"治国之道"，否则，将是内外相离，骑驴觅驴。

圣人之"乐"并非纯粹的个人之乐，也非纯粹纵情山水和游戏之间的"玩乐"，而是融入自然、融入社会、融入人类崇高理想的最高境界。孔子对

---

① 姚瀛艇：《论孔颜乐处》，《中州学刊》1986年第1期。

② 《论语·先进》。

③ （宋）朱熹：《朱子语类》卷四十，中华书局1986年版，第1026页。

山水情有独钟，他第一次提出“知者乐水，仁者乐山”①。在孔子看来，游观山水之美不仅能给人带来清静美好的生活感受，更有精神陶冶的感悟。所以，孔子见水必观，并从中获得“似德”、“似道”、“似法”、“似正”、“似察”的多种道德情志的领悟，进而触景生情，引发对人生的思考。同样，孔子喜欢观山，不仅有“登泰山而小鲁”的豪情激发，也从中领悟到群山“出云雨以通乎天地之间，阴阳之合，雨露之泽，万物以成，百姓以食”的不朽功德。

总之，“治国”并不仅仅是“给国家以礼制”、“给百姓以仁爱”等大事，还表现在事事物物上，表现在日用之间。因此，圣人不仅在“沂”、“山水”和“陋巷”中找到人生的“至乐”，而且也落实了“治国安邦”的理想。

（四）“与天地同”的境界与“行其所无事”

“圣人气象”在体现出圣人“与天地同”之境界的同时，也隐含了圣人“行其所无事”的治国策略。圣人治国按照客观规律行事，一切顺其自然，做到“巧于使民”②、“惠而不费”③，以有所不为，而达“无为而无不为”之最高境界。

按照客观规律行事，一切顺其自然，方为治国上策。孟子说，为政者应该如“禹之行水，行其所无事”，能够如此“则智亦大矣”④。治国就像禹治水一样，要顺其自然，按水的规律去治理，这样才能“行其所无事”。孔子也称赞其弟子冉仲弓能够“居敬行简”，近于无为，故夸奖他有人君之度，“可使南面”⑤，“敬”之者，乃自然之规律，社会之“礼”也。“居敬”与“行简”是两项功夫，不可偏废。“居敬”方可“行简”，则近于“无为”，而达到最好的管理效果。

圣人能知天、顺时，“与天地同”，所以能够按照客观规律行事，顺其自然，治国于“无为”之中。

管理者要有所“不为”，然后才能真正有所作为。如孟子说：“强恕而

---

① 《论语·雍也》。
② 《荀子·哀公》。
③ 《论语·尧曰》。
④ 《孟子·离娄下》。
⑤ 《论语·雍也》。

行，求仁莫近焉”①，“人有不为也，而后可以有为”②。也就是说，管理者不可“强恕”，否则离“仁”远矣。管理者要以“不为”的境界达到“有为”即“为而不为”，从而达到“无为而治”的管理极致，即以最小的管理行为达到最大的管理成效。同样，荀子也提出：“故仁者之行道也，无为也；圣人之行道也，无强也。”③ 荀子也认为，圣人应该“无强”、“无为”，既不特意去推行道，更不勉强推行之。即“行道”不违反客观规律，一切顺其自然，这样才能达到“不为而为”的目标。

这种“不为而为”的治国方式，最终受益的是老百姓。一旦达到这种境界，不仅统治者能“不以事诏而万物成”④，就连老百姓也不知道是谁在治理国家，甚至认为他们的美好生活与统治者是不相干的。如“尧治天下五十年，不知天下治欤，亿兆愿戴己欤，不愿戴己欤。问左右不知，问外朝不知，问在野不知，乃微服游于康衢，闻童谣，曰：‘立我承民，莫匪尔极，不识不知，顺帝之则。’有老人含哺鼓腹，击壤而歌，曰：‘日出而作，日入而息，凿井而饮，耕田而食。帝力于我何有哉！’”⑤在这里，帝以最小的行为去治国，不干扰人民，使民者耕其田、乐其生。这难道不是一幅国泰民安、其乐融融的美丽图景吗？

可见，“圣人气象”实则体现了一种在自然形态的社会处境中人与自然、个我与社会浑然一体的理想状态，无须被种种矛盾对待所肢解，无须为种种利益冲突所折磨，喜也天发，悲亦天情，一切顺其自然，依于大化。这样一种生存处境，岂不是人类最理想的生存境界，体现着人类最终极的价值目标吗？岂不与庄子所谓“天地与我并生，万物与我为一”的境界相似吗？岂不是一种儒家所向往的“无为而治”的社会理想吗？

当然，从“圣人气象”中所体现的“仁”、“和”、“乐”以及“与天地同”的“无为而治”境界，笔者认为，只是儒家所向往的一种浪漫社会理想，在现实社会中是很难实现的。但作为一种理想，一种人类最高的精神追求，却又是十分宝贵的。

---

① 《孟子·尽心上》。
② 《孟子·离娄下》。
③ 《荀子·解蔽》。
④ 《荀子·解蔽》：“昔者舜之治天下也，不以事诏而万物成。”
⑤ 《十八史略》。

附录五：中西方人论与当代教育方式的省思

自称“虎妈”的耶鲁法学院教授蔡美儿，是一位美籍华人，同时也是一位母亲，其故事在《华尔街日报》得到连续报道，继而登上了《时代周刊》封面人物。短短10天内，她的著作《虎妈战歌》之节选在网上就获得了超过100万的点击率。其书主要讲述她如何成功教育两个女儿的经验：如每科成绩拿A、不准看电视、琴练不好就不准上厕所等“十不准”。可见，人们对此现象的反响较大，但国内外的主流评价迥异。美国社会发出了“中国式母亲的教育为什么更成功、更优越”的疑问，并开始检讨美国教育理念是否过于宽松。而在中国，《人民日报》发文评论这位美国“虎妈”，并对中国教育进行反省。文章《人民日报评“虎妈”：美国教育重视人格思想独立》指出了中国教育存在的弊端，如“整齐划一的规范式的教育，扼杀孩子的想象力和创造力。从幼儿园开始，孩子们受到的是一种‘瘸腿式’的教育，我们的孩子在童年就变得笔管条直，听话顺从，信服并服从于标准答案，而渐渐形成趋同性的思维模式和服从式的性格与人格”等，并对美国重视“人格的健康与思想的独立”的人才观表示赞赏。①其实，如果说这几年无论学界还是民间都在为“钱学森之问”热议，试图从中找寻中国教育的出路，找寻培养创新型人才之路，那么中国对“虎妈”现象有此评价，也就不足为怪了。

导致“虎妈”现象招致热议的原因很多，有人认为蔡美儿对女儿的要求之所以如此极端，与她一家的移民身份有很大关系。她想用中国传统严格育子教育的理念塑造自己的孩子，以期成就华人第三代的辉煌。也有人认为，这是由美国的大国危机所引发的，因为在2011年1月25日的《国情咨文》里，奥巴马提出了“赢得未来”的战略构想，包括创新、教育和基础设施“三大超越”的治国理念，而借以比较的国家就是中国和印度。笔者倒是认为，除上述原因外，这些年随着中国综合实力的增强，基础教育投入的增加

---

① 《人民日报》2011年2月12日，http://news.xinhuanet.com/2011-02/09/c_121056905.htm

以及国际地位的提升，使得世界各国不得不正视中国，甚至他们开始检讨自己本国的文化、教育、经济等政策和方针。

关于此，本书要追问的是：为什么人们将这种以严格教育为主的“虎妈式教育”归为中国传统教育方式的代表呢？“虎妈式教育”与西方那种注重孩子自由发展和人格独立的“宽松式”教育理念截然不同，其背后的原因是什么呢？这是不是由中西方对“人”之界定的差异所致呢？

首先，从教育形式上看，笔者反对那种将中国的主流教育理念简单化为“填鸭式”、“惩罚式”或“顺从型”，因为中国主流教育理念也强调“快乐教学”和“因材施教”。只不过，传统中国人“望子成龙”、“望女成凤”的心情要比西方人更为迫切一些罢了。

其次，从词源上来看，许慎在《说文解字》中说：“教，上所施下所效也。从支从孝，凡教之属皆从教。𢾭，古文教。𤕝，亦古文教。”[①] 这段话在段玉裁《说文解字注》中得到构字法上的解释：“教效叠韵。从支孝。孝见子部，效也。上施故从攵，下效故从孝。凡教之属皆从教。𢾭，古文教，右从古文言。𤕝，亦古文教，从支从爻。”[②]也就是说，从“教”字的古音和形体结构分析中，可知其本义是教童蒙学习。“教”既可以辅助以支教，又可以辅助以言教。因此，“教”既可从“支”，又可从“言”。“教”不是单纯的从“支”、从严或鞭打，而是还要从“言”、从口或讲道理。这一点张舜徽曾在《说文解字约注》中作出明确声明，即“说者必以‘扑作教刑’释之，误矣。古文‘教’字从古文言作𢾭，知古人重在言教，不以鞭扑也。教者必口讲指画，故古文从言，篆文从支也。”[③]

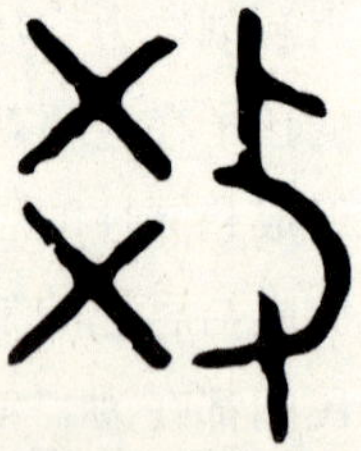

甲骨文“教”

因此，笔者不同意将“教”理解为“扑作教刑”，因为从支的“教”字仅是“教”字的篆文形体而已。

由上可知，从某种程度上说，一味讲究严苛惩罚的“虎妈”教育方式至少不是古代中国传统教育精髓的体现，最多只是一种部分的、外部的表现。可是，无论西方人还是国内大多数人都默认惩罚、顺从和上行下效的教育方

---

① （汉）许慎：《说文解字现代版》（第二版），社会科学文献出版社 2006 年版。

② （清）段玉裁：《说文解字注》，上海古籍出版社 1981 年版。

③ 张舜徽：《说文解字约注（上）》，河南人民出版社 1983 年版。

式是中国特有的，这背后一定另有玄机，那么其内在本质或背后的力量是什么？笔者试着从中西方对“人”的界定开始探索，力图找出这种现象背后人性解说的差异。因为“人是什么”的问题是任何哲学家、任何学术领域都无法回避的问题，也是最根本的出发点和最终的目的地。那么，作为人格形成、人才培养的重要途径的教育，就更是如此了。

在中国，“教育”一词的解释是“教，上所施下所效也”，“育，养子使作善也”①。中国的教育多采用由外到内的后天强制性规范，教之以礼；多强调人的可塑性和社会性本质，因为“性善者伪”。而英文“education”一词来自于拉丁文“educere”，原意是“引出”，它的动词转化词是“educare”。后来，该词便成为英语“教育”的字源。可见，在西方语境中，“教育”的原意就是“引导”和“引发”，是指运用一定的方法将隐藏在人体内的某种潜力引导出来。可见，西方重“引导”，顺从人的先天特性，采取的是由内到外启发或诱导，多强调人的自由发展和人格独立。

（一）人的可塑性与国家“培养”模式

1. 西方人的不可塑性与“启蒙”教育

西方相信人的不可塑性，认为人是自私、自尊和利己的。人的智商是不同的，人的心灵天生存在着张力，如俄狄浦斯情结和人的攻击本能等。

对于美国大多数哲学家而言，人性可塑是不可能的或无效的，因为人性可塑面临着多重限制。

第一个限制是每个人的活动都受到自私欲望的驱使，人们有自我保护、满足利己主义的本能。这是一种与生俱来的自然权利，这种权利允许每个人采取各种必要的措施去保护它们（如清教徒们、杰斐逊、密尔以及边沁等人都有类似的观点）。②

20世纪初，对人性的可塑性的第二个限制也被引入。弗洛伊德认为，人的性与攻击本能是大多数问题的起源，性与攻击本能构成了一种参数。因为它们不是短暂性的能被改变的特征，所以政治家与教育家必须有所行动。政治家与教育家只希望能将性与攻击本能倾向升华为对社会有用的倾向，但不

---

① （汉）许慎：《说文解字现代版》（第二版），社会科学文献出版社2006年版。

② Donald J. Munro, *The Concept of Man in Contemporary China*, Ann Arbor: University of Michigan Press, 1977, p. 6.

能够排除、改变或消灭这些倾向。学校的教育只能对人的性与攻击本能倾向进行疏导，并不能消除它们。①

美国人更加相信，智商也是对人的可接受教育的能力的第三个限制。智商用来表达个人的精神年龄与其实际年龄之间的关系。智商的差异是显而易见的，大多数人都认为它在后天是难以改变的。对此，杜威也明确指出，对大多数人来说，其可教育性存在着不可改变的限制。

由上可知，西方对人性的界定，直接与中国的人性界定切入的角度相矛盾。因为西方人认为自然的人首先不是社会的人，在心灵领域也是个人自我的，在外在环境（特别是教育）能够或者企图完成在个性和技能方面的转化是有限制的。②既然这样，西方的教育只能重“引导”，顺应的先天特性，由内到外启发或诱导，不能强制改变或塑造，最多另辟蹊径将其“升华”到另一个领域。

2. 中国人的可塑性与国家“培养”模式

在中国传统文化中，“化性起伪”、“性善”和“人人皆可成圣”等思想，可以成为“人性可塑”理论的基础。古代儒家和“当代”中国人不仅对人的社会性加以强调，而且还强调人有“向善性”（Perfectibility）和“可教育性”（Educability）。在决定人们是否能变成道德模范或榜样时，教育和先天易变性（可塑性）两因素都会起作用，当然教育的启发作用会更大一些。因此，他们都信奉“教育万能”说，确信人人都没有先天的缺陷，持有“人人皆可成圣”的乐观主义态度。③

例如，先秦哲学家孟子主张“性善”论，认为人生来便有“四心”，只要把这些本心加以扩充和发展，就能成就“仁、义、礼、智、信”等善良本

---

① Donald J. *Munro*, *The Concept of Man in Contemporary China*, Ann Arbor: University of Michigan Press, 1977, p. 7.

② Donald J. *Munro*, *The Concept of Man in Contemporary China*, Ann Arbor: University of Michigan Press, 1977, p. 8.

③ Donald J. *Munro*, *The Concept of Man in Contemporary China*, Ann Arbor: University of Michigan Press, 1977, p. 25.“文革”前期，毛泽东晚年因在国内实行一系列过左的经济政策和对外政策，受到当时的其他中央领导人的反对和抵制；在国外，中美矛盾日益趋紧，越南战争也正进行得如火如荼，且中苏关系陷入分裂。为清理“修正主义”，他却采取了令人惊奇的措施，即实行“复兴半工半读学校”的教育改革。他相信这种教育改革能够培养出具有劳动观点的“新人”，他们将会对“修正主义”产生免疫力。所有一切都可以通过教育、“培养”或“改造思想”，便可大功告成。

性。也就是说，人要“存其心，养其性”[1]，方可“养”善。“养”即培养、修养，即在后天环境中注意修身养性，通过自身的努力学习以及环境的熏陶，提升思想道德水平，才能成为政府和国家希望的人才。也许我们要追问，既然人性本为善，那么我们的教育应该是与西方教育类似的，只要采用“引导”或“启蒙”，顺着人的善性而发即可，但是，中国人为何又强调后天的强制性国家“培养”呢？实际上，孟子在强调“人之初，性本善”时，也承认人在现实中、在自然状态下，善心容易被污染、被抑制，人们很容易被不良环境所影响，压抑乃至丧失原来的善端，以致成为恶人。所谓恶人，并非本性就恶，他完全可以靠后天力量的改进，本具善性的他完全可塑，当其善心得以发挥时，便成为我们期待的人才。

然而，荀子却主张“性恶”说，“人之性恶，其善伪也”[2]。也就是说，人性本是恶的，其所以善是后天人为的结果。如果人顺着恶之本性去做，一定会闹出乱子来，所以必须靠教育礼法来约束，人才不致为恶。如“饥而欲饱，寒而欲暖，劳而欲休”，[3]这些都是人之本性。要将人培养成“饥见长而不敢先食，劳而不敢求息”[4]之人，这就需要依赖后天教育之功，并非本性所能。由此可以推论，荀子绝不会认可西式的顺先天本性而教育的方法，否则会尽成恶人。但是，我们也许又要追问，既然人本性为恶，那为什么世上还是好人多呢？答案十分明显，荀子虽然认为人性之初是恶的，但他相信“涂之人可以为禹”，相信人的可塑性。也就是说，一个很平常的人，只要好好培养也可以成为圣人；只要后天努力学习，通过后天之“伪”，也可以成为善人。

笔者认为，无论是以孟子为代表的“性善论”，还是以荀子为代表的“性恶论”，抑或其他形式的人性假说，最终都没有远离孔子的“性相近，习相远也”[5]这一对人性的基本假设。他们都认为人性先天相近，但人性后天可变，只不过孟子主要抓住“人之所异于禽兽者”，即人的社会属性做文章，

---

① 《孟子·尽心上》。
② 《荀子·性恶》。
③ 《荀子·性恶》。
④ 《荀子·性恶》。
⑤ 《论语·阳货》。

而荀子则是抓住"生之所以然者谓之性"，即人的自然属性以及"化性起伪"等来做文章而已。虽然"当代"中国"人之可塑性"理论，反对将人性建立在本无所谓"善"或"恶"等抽象和共同的本质之上，而是强调具体的人性，但是，其本身深含着一种平等可善的基础，蕴涵着人性后天可塑性的民族文化精髓，显现其与儒家人性论的深厚渊源。

毛泽东对"当代"中国教育模式、理念的影响也是十分巨大的。他主张人性可塑，提倡"人的全面发展"。他要求通过改革教育、教育与生产劳动相结合以及知识分子与工农群众相结合的方式实现人的全面发展，塑造"真正共产主义者"，塑造"新人"①。因此，"当代"中国人性论特别强调"人之可塑性"，它甚至允许在不同人的个性与能力上无限制地变化，只要施加恰当的培养或改造，甚至那些超越时代条件之上的个体个性和能力，也可无限制地变化。然而，中国古代儒家对个体"教育的可能性"进行了一定的限制，强调人性中的天赋部分是与生俱来的，不可改变的。②例如，《论语》记载："子曰：'中人以上，可以语上也；中人以下，不可以语上也。'"③也就是说，孔子虽然重视人的后天培养，强调"性相近，习相远"，但他认为先天的人在上、中、下三个等级的划分是很难逾越和改造的。正所谓"朽木不可雕也，粪土之墙不可圬也"④，"天命之谓性"⑤。然而，在"当代"中国人眼里，人人生来自然平等，且绝对可塑，即使为"恶"那也是社会环境的罪过，是后天培养和改造不够而已。

"当代"中国人还彻底抛弃人性的统一性和不可改变性。儒家坚持圣人与常人同，即人有相同的本质且不会改变，所有的人与所有的物一样都有着同样的"理"。就是理学家们也只是承认"气质之性"可变，但与生俱来的"天地之性"不可变。然而，"当代"中国人认为，除了生理上的残疾以外，没有人能够被天生的或早年的障碍束缚，每个人的个性都能改变或者每个人

---

① "新人"是指具有社会主义的先进思想、先进行为的普通人；是模范人物、先进人物、无产阶级英雄人物；是指在改造客观世界中改造自己，为适应生产力发展而创造条件的全面发展的人。

② Donald J. Munro, *The Concept of Man in Contemporary China*, Ann Arbor: University of Michigan Press, 1977, pp. 18 – 19.

③ 《论语·雍也》。

④ 《论语·公冶长》。

⑤ 《中庸》。天命就是本性，不可违背天命而改变它。

都能够获得文字上和科技上的能力。[1]

另外，“当代”中国人性可塑思想在中国现实中也获得了理论上和现实上的支撑，特别是在教育上。首先，由于人们相信人的社会性与自然性是相分离的，加上“当代”中国人对社会性特征的过分强调，结果导致人们对人之生物性特征不再感兴趣，并最终忽略它。例如，20世纪60年代至70年代的人认为，“心灵美才是真的美，外表美不是美的标准”。虽然人们也会承认人的自然性是不可改变的，但人们常常忽视它，这便意味着人性远离了阻碍它变化的自然本性，从而为人性可塑思想留下足够的空间。这样，中国在转变人的社会性的过程中，政府的教育作用就显得十分突出了，而对个人的特征或天赋则有所忽略。西方人的态度则恰恰相反，他们强调的是个人自然本性的不可塑性，并认为自由和自主是不允许受外界干扰的，这样，政府的教育作用也就显得有限了。

其次，由于“当代”中国人坚持“理论联系实际”的原则，坚信所有人的“正确思想”不是来自人的自然属性（如肉体），也不是来自人与生俱来的天赋（理性），一切都是来自人在实践中发挥其积极性和主观能动性的结果。因此，人只有参加真正的实践活动方能获得真正的改变。也就是说，要“培养”和“塑造”一个人，就得将他投入劳动之中。于是，便有了“上山下乡”、“半工半读”和“劳动改造”的教育说。

再次，“可塑性”的信仰给人以乐观主义，使人们乐观地感觉到能够改变他们不想要的个性特征，能够获得他们所需要的实现现代化的科技能力。这些乐观主义能帮助人们将“可塑性”思想转变成自我实现的“预言”，从而相信只要付出一定的努力便会产生预想的变化。因此，便出现了人性可以迅速改变的观念，教育和国家培养也就顺理成章地占据了主导地位。

最后，“当代”中国人将人性可塑思想与人之社会性特征联系起来，并与马克思主义理论相结合。人们强调“具体问题应具体分析”、“没有调查就没有发言权”以及“矛盾的普遍性必须与特殊性相结合”等理论，从而“人性的具体性”以及个体的社会本质和人性的极端可塑性，便很容易为中国人

---

① Donald J. Munro, *The Concept of Man in Contemporary China*, Ann Arbor: University of Michigan Press, 1977, p. 20.

所接受①，随之而来的教育理念也就深入人心了。

由上可知，承认人的可塑性，为“当代”中国教育作用的充分发挥提供了坚实的哲学基础。杜威人性论在这点上十分接近“当代”中国的人性论观点。②因为杜威反对古典自由主义和加尔文主义的人性观，他认为人的特性不是与生俱来的（如心理上的自私自利不是先天而来的，而是后天学来的），个体是由社会创造的，是社会环境塑造了个体，而不是个体改变环境。

（二）“大公无私”的集体成员与整齐划一、统一思想式的教育

美国汉学家孟旦认为，“当代”中国的人性思想是以可塑性为特征的，并在此基础上，倡导“培养新人”和“思想改造”，重视国家教育之功能。中国人还从古代儒家、苏联时期马克思主义那里继承了人之社会性本质，并使其与西方原子论式的个人主义③相区别，从而倡导集体主义人性观，发扬了苏联那种给人的精神现象或意识以中心地位、将人的思想摆上人性中心环节的人性论思想。

但是，“当代”中国人还强调人的社会性和集体主义人性论，排斥对公共领域和私人领域进行区分。儒家伦理从“亲亲”原则出发，万事以“孝”为先，然后在“孝”的基础上生发出“义”、“忠”和“信”等。也就是说，先从“孝”（私人领域之事）开始，然后推而“仁民”、“爱物”（公共领域之事）。然而，大多数西方人不能容忍对私人领域的侵犯或者是对“不可让渡之权利”的违背。然而，他们也许会发现，一些中国人实际坚持的基本原则是：如果像自由民主理论习惯上的那样，在认为公共领域与私人领域之间能很好地画出一条分界线来，似乎是不可能的。就连对公共领域和私人领域的区分最为忠实的鼓吹者密尔也不得不承认这一点。④

---

① Donald J. Munro, *The Concept of Man in Contemporary China*, Ann Arbor: University of Michigan Press, 1977, pp. 20–21.

② Donald J. Munro. *The Concept of Man in Contemporary China*, Ann Arbor: University of Michigan Press, 1977, pp. 184–186.

③ Donald J. Munro, *The Concept of Man in Contemporary China*, Ann Arbor: University of Michigan Press, 1977, pp. 3–5. 孟旦认为，西方人相信人的不可塑性，因为人是自私、自尊和利己的，人是自主的、自由的，其个性的发展免受社会和外界的干预，其意识完全由其个人选择，没有任何他物可以对其进行主宰的。

④ Donald J. Munro, *The Concept of Man in Contemporary China*, Ann Arbor: University of Michigan Press, 1977, p. 186.

在这样的人性理论的支撑下，“当代”中国提倡的国家“培养”理论，也有着行为上的意义，即有利于自我理想的实现和人的完美性的实现。中国人认为，受到别人的尊重是一种基本的人类需要，对人们具有强烈的激励作用和吸引力。人们对工作的目的或意义的理解，是减少甚至能够消除“异化”的手段，人们也能通过模仿楷模而进行有效的学习。

笔者认为，那些建立在人性可塑理论基础上的国家“培养”理论，实际上具有“一些人或政府对其他人进行引导和操纵”的成分。“文革”期间，使人因国家“培养”而最终“醒悟”是在没有丝毫明显的强迫下进行的，是用一致于国家制度和价值观的方式去行动的。但是，对西方人来说，这种“培养”更像是对人的本性的一种背离，这是他人对个人的控制。[①]借助当时流行于中国的“说服”一词来说，“说服”字面上是指通过说教的方法使人服从，但在那个时代这个词又带上了“以通过对消极榜样的严厉批评或直接的文字攻击”等方式来“威胁”被说服者；而英语中“persuasion”一词的意思是指甜美的劝说，即通过显示一个更美妙的结果去打动被说服者。很明显，中国人所讲的“说服”要比英语中的“persuasion”一词具有更多的意义。中国人讲究的是“以理服人，让人心服”，对“自主”的概念很少有兴趣；而西方人对此无法理解，因为他们认为如果“心”被折服了，那么对自主之人的一些操纵便无法避免地发生了，这是很难让人接受的事。[②]

众所周知，西方人强调与生俱来的个人“自由”或“民主”，并将其奉为最高规范，个人意愿绝不容许外界的任何强制和干扰。而中国文化重视整体主义和集体主义，强调个人利益服从集体利益、集体利益服从国家利益、小局服从大局以及部分服从整体等。这种整体主义思维方式，有着它独特的文化土壤，并不必然导致对人的“控制”和“威胁”。实际上，关键在于人们如何把握这个度，人们能否依“中庸之道”而为之。我们不能只强调整体利益和集体利益至上的原则，也不能像西方那样一味地强调个人利益至上，而应兼顾和协调两者。

---

① Donald J. Munro, *The Concept of Man in Contemporary China*, Ann Arbor: University of Michigan Press, 1977, p. 179.

② Donald J. Munro, *The Concept of Man in Contemporary China*, Ann Arbor: University of Michigan Press, 1977, pp. 180 - 181.

个人利益与公共利益有时是可以在某些情境下达成一致的，因为个体是集体中的一个成员，离开集体的个体是不存在的。当个体为集体作贡献时，并不意味着抹杀个人利益与公共利益之间的冲突，也并不意味着忽视个人的利益、冷落个人的需求；很显然，个体也会从中受益，它们是相辅相成的关系。因此，“个人利益与公共利益的一致性”理论并非是一种虚假的设定，关键是现实中不能将公共利益无限放大，而忽视个人的合理利益和诉求。但是，将个人利益与公共利益绝对一致起来，有时也会面临困境。比如，我们告诉工人必须为了成就一个将满足于他们自己工人阶级利益的理想，去接受暂时的个人利益的牺牲。但是，这只是一个将来的结果，集体利益在这之后真的就会因此得到维护吗？事实上，他遮盖了一个事实，即该工人的现实利益与那些也许生活在“金色的”、工业化的、无阶级社会的将来工人，在普遍化的“工人阶级利益”短语中应该拥有同样大的利益，它们的现实利益也必须被考虑。声称个人利益与公共利益的绝对一致，实际上是建立在将国家或集体当作个体一样的组织机体来看待的虚假理论之上的。即使个体在有限的生活限度内有可能做到与国家利益保持一致，但国家和集体将跨越许多代，他们的成员在改变，成员的共同利益也在改变，而且个体的生物性与引导其认识自身的不同利益的社会影响之间还有相互作用，那么国家将永远不能经受得起无规则的、不可预测的各种类型的变化，它如何去保持同个人的一致性呢？实际上，个人利益与公共利益之间总是存在着冲突的，抹杀这种冲突会使个人利益被忽视，个人需要被彻底冷落。①

由上可知，中国哲学家认为个人没有优先于或独立于一个社会组织成员的情感、目标、兴趣、技能和知识。人的社会性可以传达出人的这些倾向，这些倾向在一般情况下还会影响其他人。这样的事实说明了个人是从他所属的那个团体中获得其主要特征的，就像人们一定属于某个党、某个阶级或某个民族那样。因此，在这种整体主义理念下，在个人只是集体主义的一个成员的思想的基础上，中国便形成了“整齐划一”、“统一思想”式的教育风格。

---

① Donald J. Munro, *The Concept of Man in Contemporary China*, Ann Arbor: University of Michigan Press, 1977, p. 183.

（三）人是社会性动物与“礼”之教育

1. 人是自主的、自由的理性动物，以及在此理念主导下的人的自由发展和人格独立的“宽松式”教育

西方重视人的生物性，将利己主义、自我保护主义等作为自由民主的人性中心词。西方的“私我”具有三个特征，即人是自主的，人的思想中存在着内驱力，以及人的自然性与社会性是相分离的（即“私我”是不受社会和外界干预的纯自我）。从心理学上讲，信仰的实质通常就是不影响其他人的权利和自由。信仰应该保留信仰者的内在自主，免受外界操纵。也就是说，人的理想状态不受任何干涉。自然的人一出生就被赋予了一种特殊的权利，被赋予了其追求不受任何社会限制的权利。在这些权利范围内，私人活动场所便免除了外界的干扰。可是，在中国因为没有类似西方的教会活动，中国没有构建有关支持“自然权利”的运动，也就没有这种“自然人”的概念，对人的生物性也就不太重视。①

西方人认为，每个人的独一无二的先天才能，只有在不受社会干扰或社会干预时方能养成。人之内驱力的发展，是人的真实欲望展现，在促进社会进步时起到十分重要的作用。因此，社会或教育不应该干预个人能力的实现，个人能力属于人的个性，应该宽松。在西方，“隐私权”被当作一种价值与个人的存在紧密相连，它提供给人一种生活方式，也提供一种实现人之为人的内在动力条件。人的自主性虽然不能完全免受社会的干扰，但是它有审查信仰的能力、有对信仰进行批评和评价的权利。一个自由独立的个体具有选择或拒绝这些信仰的权利，在审查这些信仰的基础上，对活动作出选择。因为上帝平等地创造了每一个人，并平等地赋予每一个人以理性，每一个人便具有这种选择的能力和智慧的合法性。而自主思想与“决定论”思想是势不两立的，人的自主性表现为：人的最大欲望就是由自己决定选择的方向，自己决定构造自己的信仰，而不是来自于其他外在的事物。因此，西方一般不会采用一种“填鸭式”或强制型的教育模式。但在中国，这种人之自主理论从人的高尚品德的概念中建立起来，在践仁之“行”中实现，必须与社会或

---

① Donald J. Munro, *The Concept of Man in Contemporary China*, Ann Arbor: University of Michigan Press, 1977, p. 3.

他人相连。甚至有些中国思想家，将这种自主理论看作是与自主思想相违背的，“选择”也被看作是与人类高尚品德的分离。[①]

由此可见，西方将人界定为自主的、自由的主体，其个性的发展免受社会和外界的干预，其意识完全由其个人选择，没有任何他物可以对其进行主宰。因此，其教育当然就是围绕人的自由发展和人格独立的“宽松式”教育。

2. 社会本质之人、阶级人性学说与“礼”之教育

古代儒家学说主张人的社会性特征，他们认为：人具有用某种行为方式指向他人的先天倾向性，即人人都有由“家庭之爱”推及“他人之爱”的“仁”和“善”的本性；人有向比自己年长的人致“敬”的行为倾向；人有形成社会组织和群体的倾向，因为“物以类聚，人以群分”；人有区分“是非”、“宜否”等与生俱来的评价之心；人有独一无二的社会性倾向等。[②]

孔子曾说：“鸟兽不可与同群，吾非斯人之徒与而谁与？天下有道，丘不与易也。”[③]也就是说，我们人类怎么能离开人群而和鸟兽一起生活呢？我们是人当然要融入人类社会之中，接受人的社会化。孟子也说：“人之所以异于禽兽者几希。”“舜……其所异于深山之野人者，几希。”[④]也许人与动物、人与野人在肉体上并无多大差异，然而就因人有这么点“几希”，便成为世上的精灵。“几希”乃人之先天道德感，即德性，人只有守住这份德性，才能成为名副其实的人。就像周作人先生所说：“一般生物的求生是单纯的，只要能生存便不顾手段，只要自己能生存，便不惜危害别个的生存，人则不然，他与生物同样地要求生存，但最初觉得单独不能达到目的，须与别个联络，互相扶助，才能好好地生存，随后又感到别人也与自己同样地有好恶，并设法圆满地相处。前者是生存的方法，动物中也有能够做到的，后者乃是

---

① Donald J. Munro, *The Concept of Man in Contemporary China*, Ann Arbor: University of Michigan Press, 1977, pp. 4 – 5.

② Donald J. Munro, *The Concept of Man in Contemporary China*, Ann Arbor: University of Michigan Press, 1977, p. 15. 本文对此英文原著有大量的引用，所引文字皆为笔者所译，因为此书目前还没有汉译本，无从借鉴。

③ 《论语·微子》。

④ 《孟子·尽心上》。

人所独有的生存的道德，古人云人之所以异于禽兽者几希，盖即此也。”①

荀子讲人性本“恶”，若顺着人的本性，则“偏险而不正”，“悖乱而不治”。那么，人之善何来？善是“化性起伪”②的结果，即“善”是经过加工改造，经过“伪”（后天的人为）的结果，强调后天社会化对人的教化作用。人只有经过“师法之化”、“礼义之道”或“礼义法度”等约束与矫治，其人性方可走向善。但他也承认，这些“师法之化”、“礼义之道”或“礼义法度”等，皆不是人性之中所固有的，而是“化性起伪”的结果。

宋儒朱熹极力反对佛家和道家的“隐居”，认为从社会分离出来的个体是不可能存在的，特别是人不可能脱离家庭而生存。但是，他同时指出人也是不能脱离生理上的本质联系的，因为所有的人都是由自然肉体构成的。理学家们不仅反对佛家将人与社会隔离、反对人为地隔断人与人之间的社会关系，而且还反对将人与自然肉体分开，承认人与生物在自然性上有共同之处。如朱熹说：“若夫释氏，则自其因地之初而与此理已背驰矣，乃欲其所见之不差所行之不缪，则岂可得哉？……是以叛君亲、弃妻子、入山林、捐躯命，以求其所谓空无寂灭之地而逃焉。……虽自以为直指人心，而实不识心；虽自以为见性成佛，而实不识性。是以殄灭彝伦，堕于禽兽之域，而犹不自知其有罪。”③实际上，朱熹将人性分为天地之性和气质之性，两性统一于人一身，缺一则“做人不得”。人与生物有共同之处，即他们皆禀气而生，都是由“无极之真”（即“太极”）和二气五行之精“妙合而凝”的。只不过，人和生物所禀之气不同而已。“人得其气之正且通者，物得其气之偏且塞者”，所以人“理通而无所塞”，而物“理塞而无所知”。④他认为，人不仅要能禀承天之所赐的此“善”此“理”，还须秉持自然所赐的此“善”此“理”，才是真正的人。否则，人若不识此差别，不能自别于禽兽，故虽名为人，而实无异于禽兽。而君子识得这种差别，并能存得此“善”此“理”，从而把人与禽兽区别开来。因此，他说：“‘惟皇上帝降衷于下民’，‘民之秉

---

① 周作人：《苦口甘口》，河北教育出版社 2002 年版，第 15 页。

② 《荀子·性恶》。荀子说：“古者圣王以人之性恶，以为偏险而不正，悖乱而不治，是以为之起礼仪、制法度，以矫饰人之情性而正之，以扰化人之情而导之也。”

③ （宋）朱熹：《读大纪》，《晦庵先生朱文公文集》卷七十，《朱子全书》（二十三），上海古籍出版社 2002 年版，第 3376 页。

④ （宋）黎靖德编：《朱子语类》卷四，岳麓书社 1996 年版，第 60 页。

彝'，这便是异处。'庶民去之，君子存之'，须是存得这异处，方能自别于禽兽。"①

至"当代"中国，人们更加坚信社会性是人的根本特性。毛泽东曾说："自从人能制造石枪、木棒以从事生产，人才第一次与猴子及其他动物区别开来"，"原始人与猴子的区别只在能否制造工具一点上"。② 当然，他也承认自然性是人和动物的共同本性，但不是人的根本属性，因为"当作人的特点、特性、特征，只是一个人的社会性——人是社会的动物，自然性、动物性等等不是人的特性"③。人的精神性虽能区别人与动物，但不能区分此人与他人，不能产生出具体之人的各种属性并使之得到逐步发展，也不能从根本上使人成为人。因此，"人首先是社会的动物，资产阶级总是强调人的理性（精神），我们不应如此"。人"不是因有较猴子高明的思想才与它们区别开来，这是唯物史观与唯心史观的分水岭"④。

比古代儒家更进一步，"当代"中国人主张阶级性的人性论，特别侧重人的社会性本质。1942 年，毛泽东在《在延安文艺座谈会上的讲话》中明确提出："有没有人性这种东西？当然有的。但是只有具体的人性，没有抽象的人性。在阶级社会里就是只有带着阶级性的人性，而没有什么超阶级的人性。""我们主张无产阶级的人性、人民大众的人性，而地主阶级、资产阶级则主张地主阶级、资产阶级的人性，不过他们口头上不这样说，却说成唯一的人性。有些小资产阶级知识分子所鼓吹的人性，也是脱离人民大众或反对人民大众的，他们所谓的人性实质上不过是资产阶级的个人主义，因此，在他们的眼中，无产阶级的人性就不合于人性。"⑤这些语录告诉我们，人的社会性是说个人没有优先于或独立于一个社会组织成员的情感、目标、兴趣、技能和知识。这些情感、目标、兴趣、技能和知识等倾向都是在社会中形成的。人的社会性传达出人的这些倾向，这些倾向在一般情况下会影响其他人，这样的事实说明了个人是从他所属的那个团体中获得其主要特征的，如人们

① （宋）黎靖德编：《朱子语类》卷五十九，岳麓书社 1996 年版，第 1240 页。
② 毛泽东：《毛泽东文集》（第 3 卷），人民出版社 1996 年版，第 81 页。
③ 毛泽东：《毛泽东文集》（第 3 卷），人民出版社 1996 年版，第 83 页。
④ 毛泽东：《毛泽东文集》（第 3 卷），人民出版社 1996 年版，第 82 页。
⑤ 毛泽东：《毛泽东选集》（第 3 卷），人民出版社 1991 年版，第 870 页。

一定属于某个党、某个阶级或某个民族等。在实际的社会生活范围内，人是作为一个社会的存在而参与其中的，而不是作为一个自然的、生理的或生物的人出现的。

“当代”中国人性论思想有着自己逻辑独特的思想体系，既然人类的根本特性是社会性，而这种社会性只有在实践中才能获得和形成，那么人性完全是属于后天“培养”或塑造的，与先天无关，即人性可塑。既然人性可塑，那么如何塑造呢?“当代”中国人认为，人的社会性只有在实践中才能获得和形成，那么人性的塑造也必然要放到劳动实践之中，也必然得出塑造“新人”的最好途径是“教育与劳动结合”、“知识分子与工农结合”。既然人性可塑且能在现实中塑造，那么教育、“培养”和“思想改造”在中国就显得尤为重要了。

由上可知，“当代”中国人的这种阶级人性论学说强调具体的人性论，反对抽象的人性论。这种人性论学说对培养无私、奉献、真诚和集体主义的“新人”，无疑具有重要意义。但是，这种区分不仅扼杀了资产阶级等非无产阶级的基本生存欲求，而且把无产阶级人民大众的基本的生存欲求都当作资产阶级的利己主义给否定了。反映在中国“当代”教育上，便呈现出如下特点，即注重由外到内的后天强制性教育，结合实践和劳动，教人以礼、以法、以德。

对中西方人性作系统的分析和比较之后，我们对“虎妈”现象会有更深一层的认识。即使主张“父严母慈”、“因材施教”的古代儒家，他们也不愿意看到过于严格、惩罚和服从式的教育方式，而几千年来中国一代代的父母，他们的教育方式与当代西方式的教育相比，确实还是苛刻和严厉得多。究其背后真正的原因，应该主要归咎于中西方对“人”的界定的重大差异。人之社会性本质促成中国人重视由外到内的后天之“礼”教育，“人之自然平等”与“人之可塑性”促成“人人皆可成圣”式的“培养”模式，整体主义理念下的集体主义成员之“人”促成整齐划一、统一思想式教育理念。而西方人更相信人性不可塑、人是理性动物或上帝创造物，因而他们重视由内到外的引导或启蒙，顺人之先天特性，主张人的自由发展和人格独立的“宽松式”教育。

参考文献

一、孟旦本人的英文著作

1. Donald J. Munro, *The Concept of Man in Early China*, New York: Stanford University Press, 1969.

2. Donald J. Munro, *The Concept of Man in Contemporary China*, Ann Arbor: University of Michigan Press, 1977.

3. Donald J. Munro, *Individualism and Holism: Studies in Confucian and Taoist Values*, Ann Arbor: University of Michigan Center for Chinese Studies, 1985.

4. Donald J. Munro, *Images of Human Nature: A Sung Portrait*, Princeton: Princeton University Press, 1988.

5. Donald J. Munro, *The Imperial Style of Inquiry in Twentieth Century China: The Emergence of New Approaches*, Ann Arbor, MI: Center for Chinese Studies, 1996.

6. Donald J. Munro, *A New Phase for Chinese Philosophy: The Ch' ien Mu Lectures in Chinese History and Culture 2003*, Hong Kong: The Chinese University of Hong Kong Press, 2004.

7. Donald J. Munro, *A Chinese Ethics for the New Century*, Hong Kong : The Chinese University of Hong Kong Press, 2005.

8. Donald J. Munro, *Ethics in Action: Workable Guidelines for Private and Public Choices*, Hong Kong : The Chinese University of Hong Kong Press, 2005.

9. Donald J. Munro, Curriculum Vitae（备注：孟旦本人提供的材料）

二、中国学者研究孟旦思想的文献以及孟旦英文原著的汉译本

1. 刘笑敢：《研究比较哲学与人性论的巨擘——孟旦的中国哲学史研

究》，载傅伟勋、周阳山主编：《西方汉学家论中国》，正中书局 1993 年版。

2. ［美］孟旦著，庄国雄、陶黎铭译：《早期中国“人”的观念》，上海古籍出版社 1994 年版。

3. 安延明：《探究儒家伦理学的实践内涵：访孟旦教授》，载哈佛燕京学社、三联书店主编：《儒家与自由主义》，三联书店 2001 年版。

4. 周炽成：《孟旦对中国人性论与认识论的研究》，《中国哲学史》2004 年第 1 期。

5. 施忠连：《近十年美国儒学研究之进展》，载上海中西哲学与文化比较研究会编：《时代与思潮》（第六期），学林出版社 1998 年版。

6. 刘笑敢：《为中国哲学开生面——孟旦先生治学简介》，香港中文大学新亚书院钱宾四先生学术文化讲座，2003 年。

7. Liu Xiaogan, “*Foreword to the Reprint Edition*” *of The Concept of Man in Early China by Donald Munro*, Michigan Classics in Chinese Studies No. 6, Ann Arbor, MI: Center for Chinese Studies, The University of Michigan, 2001, pp. viv - xxvi.

8. ［美］孟旦：《事实与价值的混淆：儒家伦理学的一个缺点》，《哲学研究》1990 年第 3 期。

9. 施忠连：《现代新儒家在美国》，辽宁大学出版社 1994 年版。

10. ［美］孟旦著，丁栋、张兴东译：《早期中国“人”的观念》，北京大学出版社 2009 年版。

三、与孟旦研究相关的文献

1.（宋）黎靖德编：《朱子语类》，岳麓书社 1996 年版。

2.《孟子》、《论语》、《墨子》、《荀子》、《老子》、《商君书》。

3.《大学》、《庄子》、《韩非子》、《陆九渊集》。

4. 周炽成：《简论陈荣捷对儒学的世界性贡献》，《中国哲学史》1990 年第 4 期。

5. 金诤：《科举制度与中国文化》，上海人民出版社 1990 年版。

6. 邓晓芒：《中西文化视域中真善美的哲思》，黑龙江人民出版社 2004

年版。

7. [美] 安乐哲著，张燕华译：《差异比较与沟通理解：当代西方学者研究中国哲学的倾向及障碍》，载上海中西哲学与文化比较研究会编：《时代与思潮》（第六期），学林出版社 1998 年版。

8. [美] 陈汉生著，周云之译：《中国古代的语言和逻辑》，社会科学文献出版社 1998 年版。

9. 陈荣捷：《王阳明与禅》，台湾学生书局 1984 年版。

10. [美] 郝大维、安乐哲著，蒋弋为译：《孔子哲学思微》，江苏人民出版社 1996 年版。

11. 李泽厚：《中国现代思想史论》，天津社会科学院出版社 2003 年版。

12. [法] 米歇尔·福柯著，莫伟民译：《词与物》，上海三联书店 2001 年版。

13. 刘正：《海外汉学研究：汉学在二十世纪东西方各国研究和发展历史》，武汉大学出版社 2002 年版。

14. [美] 郝大维、安乐哲著，施忠连译：《汉哲学思维的文化探源》，江苏人民出版社 1999 年版。

15. [美] 安延明：《美国汉学家孟旦（Donald J. Munro）》，《世界哲学》2009 年第 1 期。

四、作者已发表与孟旦研究相关的成果

1. 《略论孟旦的朱子研究：以“结构性形象”为中心》，《学术研究》2008 年第 8 期。

2. 《论孟旦对中国哲学中“人”之概念的研究》，华南师范大学硕士学位论文，2005 年。

3. 《“人之自然平等”：我国传统文化中的民主智慧》，《理论前沿》2009 年第 22 期。

4. 《美国学者孟旦的朱子研究》，《文史知识》2008 年第 10 期。

5. 《先秦哲学人之自然平等探析——从孟旦〈中国早期“人”之概念〉说起》，《理论界》2008 年第 7 期。

6.《论孟旦对中国哲学中人性基点的解读》,《齐齐哈尔大学学报》2008年第1期。

7.《从中国文化中找寻西方文化的“不可能性”——美国学者孟旦对中国哲学中“人”之概念的研究》,《安顺学院学报》2008年第1期。

8.《论孟旦对中国哲学中“整体主义”的异样解读》,《重庆科技学院学报》2008年第3期。

9.《“等差之爱”与“普遍之爱”并非对立——从孟旦的朱子哲学研究谈起》,《社科纵横》2008年第1期。

10.《从道德本性论到理性本性论:中西早期思想家平等观之比较》,《文化中国》2003年第4期。

后 记

本书对孟旦的中国人论和政治哲学研究加以介绍和分析，是在笔者原有的硕士学位论文《论孟旦对中国哲学中“人”之概念的研究》的基础上，修改和整理而成。在此过程中，得到了许多热心人士的支持与帮助，谨致谢意。

首先感谢华南师范大学周炽成教授为本书作序，并从选题、构思上作精心指导。他对传统儒学、孟旦的中国哲学研究以及中西方政治哲学比较的诸多见解，也被吸收在本书的内容之中。特别是写作本书所需要参考的绝大部分英文原著，都是由他从国外带回的。

其次，应感谢孟旦教授的帮助与指导，他寄来了个人照片和“个人简历”，这些都是本书必需的材料。2011 年是孟旦先生八十寿辰，特以此书献礼，并祝其福如东海、寿比南山。

最后，我要感谢家人的支持。最近几年，我一直致力于本书的写作，正是有了家人的支持，我才能潜心于创作并最终完稿。

另外，本书的顺利付梓离不开广东外语外贸大学的资助，在此亦表示深挚的谢意。

毛国民

2011 年 11 月 5 日